Massimo Fagioli

Madri di biciclette

Romanzo

Società Editrice Fiorentina

© 2009 Società Editrice Fiorentina
via Aretina, 298 - 50136 Firenze
tel. 055 5532924
fax 055 5532085
info@sefeditrice.it
www.sefeditrice.it

ISBN 978-88-6032-094-0

Proprietà letteraria riservata
Riproduzione, in qualsiasi forma, intera o parziale, vietata

Copertina a cura di Walter Sardonini

*a Carlos L.,
appena ho potuto*

Madri di biciclette

Giovedì 12 dicembre, poco dopo l'alba

«Mi spiace se l'ho fatta venire qui a quest'ora, dottore. Il brigadiere ha provato a contattarLa per telefono…».

«No, di notte lo stacco. Troppi "pazienti" che non possono aspettare la mattina… Ma vedo che con i carabinieri non funziona: ti vengono a prendere a casa!».

«Le chiedo scusa…».

«Ormai sono qui. Spero solo che non voglia farmi cantare. Ho la bocca un tantino impastata…».

«Le faccio portare un caffè?».

«Molto gentile, grazie. Allora, che c'è, i cavalli dell'Arma hanno fatto indigestione?».

«No, non è questo. Abbiamo già il nostro veterinario… Si tratta di un'altra faccenda».

«Dev'essere una cosa seria… Mi dica, Comandante».

«Per essere certi di non sbagliare persona, Lei è quello che chiamano Asfalto, vero?».

«Esatto. È una sorta d'anagramma del mio cognome, un nomignolo che mi porto dietro dai tempi del liceo».

«Ed è presidente di un'associazione di ciclisti, me lo conferma? Vi chiamate…».

«Nouvelle Velo. Tutto vero. Su, non mi faccia più stare sulle spine. In che cosa posso esserLe utile?».

«Lei ieri sera è rimasto a casa?».

«Giusto per essere certi di non sbagliare film, perché me lo chiede?».

«Mi interessa la sua collaborazione… Badi bene, non è un interrogatorio, eh?».

«Comunque sì, sono rimasto a casa. Tutta la sera... Dovevo recuperare le fatiche dei giorni passati...».

«...anche la notte? Fino a quando non siamo arrivati noi a svegliarla?».

«Proprio così».

«Beato Lei che si gode la casa! Com'è finita la partita?».

«Non ne ho la minima idea. Chi giocava?».

«Ah, non è tifoso. Neanch'io, ma i ragazzi... Leggo qui che non è sposato, vive solo?».

«Fa qualche differenza?».

«Speravo potesse dirmi se c'era qualcuno a casa con lei, ieri sera, o era da solo».

«Uhm, devo essere proprio nei guai, se mi servono dei testimoni! Comunque c'era qualcuno, che si è fermato anche per la notte. Immagino stia ancora dormendo. Nel mio letto, Le risparmio l'imbarazzo di chiedermelo».

«La ringrazio della comprensione».

«Ora mi vorrà spiegare?!?».

«Lei non ha niente da temere».

«Non ne sono più tanto sicuro...!».

«Una brutta storia, stanotte. Davvero non ne sa niente?».

«Cado dalle nuvole. Di cosa stiamo parlando? Rapina a mano armata? Omicidio di gelosia? Attentato terroristico? Quando, come, dove?!?».

«Lei non ha mai ricevuto minacce? Magari come presidente di questa...».

«Nouvelle Velo. No, mai».

«E nemmeno l'associazione? Eppure stanotte qualcuno ha tentato di colpirvi».

«In che modo?».

«Voi in questi giorni vi siete dati molto da fare...».

«Non lo nego».

«Tutte quelle biciclette in piazza. Davvero Lei si muove sempre e solo in bicicletta? Non ha una macchina?».

«Ce l'ho, ce l'ho... Tanto per avere qualcosa da spostare quando c'è la pulizia della strada, almeno esco. Ora la storia».

«E una moto ce l'ha?».

«Ma si figuri! Sono ciclista. Accanito e rompi – mi scusi il termine – cazzi. Mi vuol dire chi ha cercato di colpirci, e come?».

«E non ha una moto? Forse qualcuno dei vostri affiliati...».

«Lo escludo. Ciclisti e motoristi sono in un certo modo incompatibili, al massimo qualcuno di noi ha uno scooterino, ma Lei sta parlando di una moto vera e propria, no?».

«Una moto, cerchiamo una moto...».

«gigivaingirocollabici»

Gocce di sudore rigano il volto rubicondo dell'improbabile zampognaro, prigioniero nel suo gilet di pelo di pecora; a ogni sbuffo nello strumento, la temperatura corporea del pover'uomo s'accresce implacabile. Asfalto, passandogli accanto, non può evitare di sorridere della zip calata giù al gambaletto e del fasciavita vistosamente allentato. La nenia pastorale si diffonde penetrante e acuta tutt'intorno, sortendo l'effetto di allertare i passanti, lesti a girare l'angolo.

Non fanno davvero grandi affari, gli viene di considerare. Musiche, calendario, addobbi, pretenderebbero la coreografia di una tramontana pungente e di pedoni imbacuccati, i baveri alzati serrati da lunghe sciarpe nei colori di moda, un luminoso arancione, un caldo terra di Siena; al contrario la temperatura è straordinariamente mite, per il nove dicembre. È stato persino incerto se non indossare la salopette sportiva per pedalare fino al centro, o, vista l'ufficialità della circostanza, ripiegare su più tradizionali pantaloni lunghi; anche perché, dopo il tramonto, il termometro di qualche linea s'abbassa, ma niente a che vedere con i rigidi inverni di una volta, prima, per capirsi, dei mutamenti climatici, del riscaldamento del pianeta e di tutto il resto.

Giunge al luogo dell'appuntamento che mancano pochi minuti alle 15, primo e ancora unico convenuto; tra le mani il testo del messaggio; per conferma, lo scorre per l'ennesima volta, lui che lo ha redatto:

«Caro iscritto, il consiglio comunale di lunedì prossimo, 9 dicembre, sarà interamente dedicato al tema della mobilità.

Come puoi immaginare, non possiamo mancare a questo importante passaggio istituzionale! L'appuntamento è alle ore 15 presso le rastrelliere bici, di fronte all'ingresso di Palazzo Antico. Non mancare! Dobbiamo essere numerosi, per far vedere che i ciclisti ci sono e non possono essere ignorati!».

Bel testo, si complimenta con sé stesso. Chiaro, conciso, convincente. Data, luogo, orario tornano. Deve giusto attendere l'arrivo dei compari, magari darsi un contegno visto che sta in mezzo alla piazza, che non lo prendano per uno sconvolto o peggio uno bidonato dalla fidanzata. Potrebbe fingersi l'incaricato del Comune alla manutenzione dell'imponente albero di Natale "gentile-dono-di", mostriamo interesse, in effetti la maleducazione imperversa, nel vasone ci hanno rovesciato di tutto, qualche compagnia notturna s'è divertita a conficcare bottigliette di birra nel terriccio, e sul bordo di terracotta una scarpa da ginnastica grigia, marca ignota, qualità infame, forse un quarantatré, si produce in una sorprendente prova d'equilibrio. Un rimbambito di passaggio la nota e istintivamente getta un'occhiata ai piedi di Asfalto; ma cosa pensava, che potesse essere sua?

Si allontana dall'albero di qualche passo. Certo che anche questi non sono mai puntuali, sbuffa, verrebbe voglia di mollare tutto e tornare a casa! Anche il martedì sera tutte le volte è un'agonia, prima delle nove e mezzo anche nove e tre quarti non si comincia, tra chi deve mettere a letto i bambini, chi torna tardi da lavoro, chi si deve fare la doccia, neanche lavorasse in miniera...

D'accordo, per lui è più facile, lo riconosce; di tempo da dedicare all'Associazione ne ha: un lavoro indipendente, senza figli, senza famiglia né uno straccio di fidanzata... Anche se su questo punto la situazione è in divenire. Il suo pensiero si libra leggero sull'onda delle emozioni ancora vive per la bella gita domenicale con quella signorina che conosce da qualche settimana. Finora si sono incontrati tre volte, ma due in ambulatorio, non vale, pure ogni volta l'ha sentita meno trattenuta, certo resta un tipetto sospettoso, un maledetto capricorno, ugualmente un filo di fiducia è lecito. Non c'è ancora stato niente, ma uno di questi giorni, magari già al prossimo incontro.... È un giocatore di scacchi, l'arte della successione di manovre finalizzate a un risultato dovrebbe essergli congenita. E poi non può più permettersi di fallire, è arrivato a un punto che una svolta è indispensabile, qualcuno accanto gli ci vuole, ma l'amico lo tocca a una spalla, e la nuvoletta romantica si dissolve in un lampo.

«È tua quella scarpa?».

«No, Sergino, l'ha persa Cenerentola».

«Ah, e chi sarebbe?».

«Cenerentola... M'hai sentita prima?!?».

«Quella della favoletta? Che ne so io, pensavo fosse un trans di quaggiù...!».

«Ma che sciocchezze!» protesta, seccato.

Ma Sergino è così giovane, ha diciotto anni, esattamente la metà dei suoi. Qualche battuta infelice ci può stare. Riprende, più confidenzialmente: «Sei stato a casa? Il babbo, come va?».

«Punto bene, purtroppo».

«Mi spiace Sergino... Scusa».

«E di che? Che colpa ne hai tu? Ho paura che stia per tirare le cuoia...».

«... Tirare le cuoia?!?».

«L'altro verbo non lo pronuncio».

«Ho capito. E i tuoi amici? Che fanno i ragazzi di campagna?».

«Che vuoi che facciano! Si strafanno di qualsiasi merda che trovano. Il venerdì sera, poi il sabato stanno male, la domenica si riprendono, e il lunedì possono risalire sul trattore».

«Almeno un po' in bici ci vanno? Ci sono delle strade così belle da voi, quelle collinette tondeggianti, poco traffico...».

«Appunto! Ci fosse qualche dirupo dal quale buttarsi giù a corpo morto, farebbero la fila... Così invece la trovano una cosa da quarantenni, troppo poco estrema, capisci?!? Ma siamo solo noi due?».

«No, guarda, arriva Manubrio».

In breve si forma un gruppuscolo, hanno solo il problema di fissare le bici a qualche cosa, le rastrelliere sono inaccessibili per via del parcheggio stravagante di un'auto del Comune, ufficio mobilità; «Figuriamoci, proprio loro che le hanno volute!», commentano con sarcasmo, riandando con la memoria alla tanto strombazzata campagna comunale di «sensibilizzazione del cittadino all'uso delle due ruote». Come di consuetudine, alla prova dei fatti gli obiettivi erano stati ridimensionati e il budget assottigliato: colpa anche della parcella presentata per la creazione del logo da un grafico di grido. Pare che costui avesse suggerito all'Amministrazione una denominazione più sintetica di quella commissionatagli, «Gigi va in giro con la bici» («ventuno lettere più sei spazi, o ve lo scrivo troppo piccolo o mi finisce su tre righe...!»), ottenendo però solo di scriverlo tutto attaccato. «Purché si legga bene Gigi...», aveva intimato il sindaco in persona. Ne faceva una questione d'onore: dopo il 6-1 6-0 rifilatogli da Gianluigi, doveva pagare pegno. L'amico pretendeva addirittura che gli intitolasse una strada. «La strada te la scordi, prima devi crepare in modo socialmente utile!» gli aveva ribattuto il sindaco, a muso duro, sotto la doccia. «Al massimo, ti posso dedicare una rassegna cinematografica albanese o un torneo di pallavolo per diversamente abili, temi a cui noi, come Amministrazione, siamo sensibili. O vuoi dare il tuo nome alla prossima campagna pro-due ruote?».

«Aggiudicato!» accettò l'amico, in fondo un ecologista: d'abitudine parcheggiava in un posto invalidi riservato al nonno, defunto nel '98, e si muoveva poi per il centro in sella a una signorile Torpado nera coi freni a bacchetta.

Tirando le somme, invece delle preventivate cinquanta rastrelliere «a elementi opportunamente spaziati per la messa in sicurezza simultanea di dodici velocipedi», il Comune ne aveva montate una decina, posizionandole di preferenza fra due cassonetti dell'immondizia, lì dove i senza tetto sono soliti stendere i cartoni per la notte; due piccioni con una fava.

Quel modesto assembramento di persone di età diverse, ma affini nei modi, non sfugge a un paio di senegalesi, che si avvicinano con la mercanzia. Maddalena compra una confezione di fazzolettini, oggi le gocciola il naso. Fanale richiama l'attenzione sull'assenza di Volpe: «L'ho visto ieri sera. Passava da via Roma... Lui non m'ha visto». Lascia una pausa, per poi precisare: «Passava in motorino...».

«Ah, in motorino nella zona pedonale, i miei complimenti!» fomenta un altro.

«Se non diamo l'esempio noi...».

«Niente integralismi o me ne vado subito!» minaccia Maddalena, che di Volpe è amica.

«C'è poco da integrare, Volpe ormai è fuori, da quando l'hanno assunto al Cnr non è più lui».

«Prova una volta a discuterci di energia solare o eolica o geotermica... Ti fa un sorrisino, e dopo qualche battuta ti liquida, non ha senso parlare con te, che neanche sei laureato in Fisica. Ti rendi conto?!?».

«Non cominciamo a spettegolare di chi non c'è» ammonisce Asfalto. «Piuttosto muoviamoci, il Consiglio Comunale starà per cominciare».

Un ultimo tiro di sigaretta, e anche Fulmine s'avvia lemme lemme dietro agli altri, badando di non farsi notare che getta la cicca per terra. Maddalena invece se ne frega, «Che cacchio volete, non sono una santa, voi lo vedete non sono una santa!», e sbuffando canzone e fumo si assolve beata, seguendo con lo sguardo la traiettoria della cicca schizzata lontano.

A metà scalinata un vigile chiede dove si stiano dirigendo.

«In Consiglio».

«Ma il Consiglio non c'è, Signori. L'hanno annullato. Il sindaco è in Cina con due assessori».

«Ma in Cina a fare che?» chiede qualcuno.

«Promozione. C'è scritto anche sul giornale...».

«Ma non l'ha preso nessuno oggi il giornale?».

«Ora ci manca solo che torniamo lì e ci hanno fregato le bici!» grugnisce Fosco.

«Non ti ci mettere anche tu, eh?!? Porti sfiga» lo redarguiscono.

«Nel caso uno per tutti, tutti per uno, d'accordo?» si raccomanda Asfalto, sempre attento a ricomporre. «Sarebbe l'occasione buona per una visitina ai posti dello spaccio... Sono convinto che finiscano lì, le bici rubate».

Invece ci sono ancora tutte. Niente ronde nei posti dello smercio della roba, niente perlustrazioni tra i vicoli del centro o lungo i vialoni della periferia, niente furiosa caccia all'uomo: pomeriggio decisamente sprecato. Stanno già per salutarsi, quando scroscia il telefonino di Fulmine: per suoneria ha la registrazione delle cascate del Niagara, ma tutti la confondono con uno sciacquone e pensano a una burla. Appena presa la comunicazione fa cenno di fermarsi.

«I vigili stanno portando via le biciclette in via dell'Amore, ne hanno già caricate una dozzina sul carro attrezzi».

Non è lontano, forse si fa ancora in tempo a bloccare l'operazione, questa sì che è una bella svolta operativa, altro che battuta di caccia. A Maddalena è già capitato di assistere a una razzia del genere; in quell'occasione ha reso testimonianza individuale, ma è stato come fargli il solletico a quei fanatici; però questa volta sono in gruppo, hanno voce e voglia di farsi sentire, perché la misura è colma, devono finirla di portare via le biciclette legate, in mancanza di meglio, a un palo o a quello che uno trova sui marciapiedi.

I caccia piombano sugli scassalucchetti. L'elica sul caschetto di Fanale frulla vorticosamente, evocando immagini di incursioni aeree di guerre passate. Sono in due, c'è anche Pallone Gonfiato, più l'energumeno del carro attrezzi, che brandisce possenti tenaglie.

«Ferri del mestiere, eh?» esordisce Fosco, ma quelli non raccolgono.

Allora passa a proteste più argomentate: «dove si lasciano le biciclette se non ci sono abbastanza rastrelliere? Ha voglia il Comune a fare manifesti con gli assessori in bici, come pensano che la gente lasci l'auto per la bici se non si sa a cosa attaccarle? Lasciarle mobili è un invito a nozze per i ladri!».

Pallone gonfiato neanche si gira, l'altro risponde gelido: «È il regolamento, le biciclette sui marciapiedi sono di intralcio, ci devono passare i pedoni, ci sono le persone anziane, ci sono i ciechi, secondo voi come fanno loro?».

«Vi preoccupate dei ciechi, voi?!? Ma se neanche mandate uno scopino a raccogliere gli escrementi dei cani! Non riuscite altro che a prendervela coi ciclisti!».

E così argomentando si volta verso Asfalto, che gli dia una mano nella discussione, il momento di farsi intendere è quello, fare il saputone alle riunioni e basta conta poco. Ma l'altro abbozza, forse è vero che non ha la stoffa per guidare il gruppo, non sente il contatto con la gente, lo schiva quasi. Mah, staremo a vedere.

Alla fine apre bocca: «Vi siete chiesti di chi sono le biciclette che state portando via? Probabilmente di gente che abita qui intorno, perché non suonate ai campanelli e li avvertite? Non fate così anche con gli automobilisti? Prima di passare all'opera un paio di fischiettate le sprecate, o mi sbaglio?!?».

Pallone gonfiato sfodera il walkie talkie, cerca un contatto con la Centrale; il meccanico fa spallucce, lui esegue gli ordini e basta. E allora ai campanelli suoniamo noi, propone Asfalto, forza, diamoci da fare, un portone per uno. La trovata funziona. In breve le persiane della popolare via dell'Amore si aprono in una polifonia metallica di maniglie rugginose e una varia umanità di pensionati e studenti è alla finestra, e qualcuno, accortosi che la bici è già caricata sul carro, o lo sarà di lì a poco, comincia a inveire contro i vigili e il Comune, e si precipita giù.

Una piccola folla si accalca intorno alle guardie, sbarrando la strada e impedendo le operazioni. Come si sente ogni tanto alla Tv, con la popolazione dei vicoli di Napoli che si ribella a un'azione anticamorra della polizia. Qualche avanguardia si avvicina allo sportellone del carro attrezzi e scompostamente si issa sul pianale e prende a districare biciclette dal groviglio di ferri ruote manubri fili di freni e portapacchi per scenderle a terra. Il vigile famoso, dagli stivaloni lucidi, chiama rinforzi all'apparecchio, la risposta pare contrariarlo, in Centrale ci sono solo imboscati.

Dalle finestre si alza uno scroscio di applausi per i rivoltosi. Asfalto e i suoi compagni, per la prima volta coinvolti in una situazione del genere – loro in fin dei conti così per bene, così legalitari, attenti alle forme della convivenza civile – assistono alquanto interdetti alla protesta, a cui partecipano semplici cittadini col dente avvelenato, magari perché vittime, in passato, di rimozione dell'auto.

«Chiamateci il sindaco, invece del carro attrezzi, pochi di buono!».

«Il sindaco?» ghigna Fanale. «Figuriamoci se sta dietro a noi, ha altro da fare! Non lo sapete dov'è? Non l'avete preso il giornale? In Cina!».

La rabbia monta: «cosa ci fa il sindaco in Cina? Va a prendere altri cinesi? Ce n'è pochi, in giro?».

La notizia scuote chi finora era rimasto a rimuginare in disparte e ora dà una mano anche lui a tirar giù biciclette. Una coppia di universitari del genere fuori sede si fa sotto al meccanico, che intanto s'è rialzato dalla posizione accovacciata in cui gli viene meglio spezzare lucchetti, e lo costringono spalle al muro, e quello brandendo e facendo roteare le tenaglie intima che non s'avvicinino, altrimenti…, ma si vede che se la fa sotto. Vista la mala parata, i vigili svicolano verso l'incrocio, salgono sulla Punto, e gracchiando sinistramente sulla retromarcia sbucano in senso contrario in via degli Abbagli. Lì, l'autista dell'undici, già allucinato di suo, che con luna e cazzi di traverso strascica l'abituale carico di disperati e immigrati, si vede costretto a una brusca e interminabile, sibilante, inchiodata. Tutt'intorno si ammutolisce allo stridore, presagendo lo schianto. Fosco ne sottolinea l'inevitabilità con un cinico fumettistico «sdeng», sovrastato poi da un polifonico accartoccìo di pessima lamiera di mirafiori, frantumìo di vetri spezzati, stritolìo di plastica squarciata. Seguono istanti di agghiacciante silenzio. Poi lamenti, flebili. Bestemmie, pesanti. E un clacson, incantato; e altri più lontani, come evocati, si levano partecipi, solidali, restituendo alle vie del quartiere l'atmosfera solita di congestione inconcludente.

Il bilancio è di quattro feriti sull'autobus, e varie escoriazioni tagli e graffi a danno dei vigili. Un incidente come se ne vedono tanti, e ogni volta fanno impressione; pure ci si consola, perché almeno non c'è scappato il morto.

Ma il bello doveva ancora succedere! La storia sembrerà bizzarra ma non muove mai a caso le sue pedine, ed elementi diversi sembrano talvolta congiurare in un unico disegno. Résumé partorito ore più tardi da Formaggino. D'accordo, eravamo a fine serata, stanchi morti e ne erano successe di tutti i colori, ma ciò lo scusa?

MdB 1

«Ci sono giunte due segnalazioni. La prima riguarda uno strombazzatore folle, uno sciagurato che la mattina non porta pazienza quando si trova una bicicletta davanti e la strada è troppo stretta per superarla; ma lui ci prova lo stesso. Temiamo che un giorno perda del tutto la testa e travolga la ciclista che ci ha contattato. Abbiamo modello e targa del veicolo, che qualche costruttore ha avuto la strabiliante idea di chiamare "Captiva". Ignoro quali corde dell'animo umano un tale appellativo si riprometta di solleticare, e posso immaginare la vostra espressione di sconforto, ma l'auto si chiama proprio così. Comunque nei dati forniti qualcosa non torna, quindi propongo di aspettare per saperne di più. L'altra segnalazione è più precisa, abbiamo anche le foto; l'auto ricorda uno di quei grossi insetti piovuti da un altro pianeta che si vedono nei vecchi film di fantascienza, questa pare addirittura che stia cacando, scusate il termine, un uovo dal culo. È targata CO765UT, e appartiene a un tale che abita in via dell'Osteria Nuova. Una settimana fa ha urtato la bici di una signora in via Ranzani facendo un parcheggio. La bici è rimasta danneggiata, la signora ha dovuto sostituire la ruota. Per fortuna c'erano dei testimoni, perché il bellimbusto è sceso di macchina, s'è reso conto del pasticcio combinato e se l'è squagliata. Abbiamo già fatto delle ricognizioni, la zona è tranquilla, la via senza sfondo, lui parcheggia fuori, normalmente nella stessa strada riesce a trovare un posto. Non dovrebbe esserci alcun rischio, a condizione di tenere come sempre gli occhi ben aperti. Il convento ha pensato di dargli una lezione. Chi non è d'accordo per favore alzi la mano. Nessuna obiezione? Bene, in questo caso consideriamo definito l'obbiettivo. Per la rotazione che ci siamo date, l'azione dovrebbe spettare alla terza cellula. Ci sono controindicazioni da parte vostra? Una di voi è una novizia, mi rivolgo a Lei. Sei sicura di sentirtela?».

«Penso di sì, madre superiora...».

«Non vogliamo sentire la tua voce, sorella. Rispondi con un cenno del capo. Oppure scrivi le tue perplessità su un foglietto e passamelo. Niente da obiettare? Bene. Allora ti auguro buon lavoro. La tua compagna è esperta, per ogni incertezza fai riferimento a lei. Alla fine della riunione fermatevi un attimo per ricevere le ultime istruzioni, la piantina e altre informazioni che abbiamo raccolto. Non dimenticate il volantino, come è già successo a un'altra cellula. Senza rivendicazione tutto il lavoro è inutile. Delle nostre azioni si deve sapere: un po' di paura seminiamola!».

Confronto di culture

Nelle stesse ore, poco più in là, in quel tratto di Lungofiume dove la pista ciclabile confluisce sul marciapiede mettendo in fastidioso contatto ciclisti e pedoni, un pedalatore si trova davanti due turiste americane, che, in forza delle loro circonferenze, gli ostruiscono la strada, costringendolo a serrare a destra, quasi a sfiorare la spalletta del fiume. Il nostro segnala il suo passaggio con due premurose scampanellate; non immagina certo così facendo di dare adito a uno sfortunato equivoco; le differenze culturali, l'episodio lo testimonia, non sono aria fritta. Nei Paesi dagli spazi assegnati, l'uso del segnalatore acustico richiama alla buona regola di non invasione del campo altrui, e quindi all'immediata evacuazione dello spazio non di nostra competenza, pena il travolgimento. Noi lasciamo più campo alla creatività individuale, e ci siamo col tempo creati un linguaggio che crediamo universale, ma siamo i soli a capirlo: ad esempio, un segnale unico, forte, pieno, si traduce di solito «guarda dove vai, testa di cazzo!». Ugualmente pieno ma prolungato va letto invece come un «levati dalle palle, stronzo!». Due colpi secchi, perentori, non lasciano intendere niente di buono, il discorso cambia se invece si pesta al bordo del congegno sonoro, come il trombettista stirando le labbra concentra l'emissione di fiato su un punto ben determinato dell'imboccatura; allora due colpetti staccati e brevi, educati, emettono messaggi solitamente ecumenici, del tipo «Presta attenzione chiunque tu sia, amico, il mio percorso rasenta il tuo, non debordare o potremmo collidere!». Due robustine locali (mi ci metto anch'io, è l'occasione per presentarmi, mi chiamo Cristina, nel giro mi chiamano con un soprannome che scoprirete più avanti) avrebbero dato un'occhiata dietro di loro, e resesi conto del sopraggiungere di una pacifica bicicletta avrebbero fatto spazio e lasciato passare. Non così con le due turiste dell'immenso paese; spaventate dal trillo dell'Atala, sentendosi o in pericolo di vita o in condizione di colpa, reagirono balzando di lato, una verso lo scalino, l'altra verso la spalletta, travolgendo l'allampanato ciclista con una violenza tale da farlo rovinare contro il parapetto. Basso un metro. Quindi oltre. Di sotto. Cinque metri. Non nell'acqua. Ringraziando la scarsità di piogge di quest'autunno. Ma sull'argine. Che, per quanto terroso, fa male. Immaginatevi il tonfo. Secco. «Oh, sorry!».

«Me l'aspettavo che succedesse, porca Eva! E voi mi chiamate Fosco perché le penso sempre tutte e la vedo nera, ma so quel che dico. L'avevo previsto che qualcuno sarebbe finito di sotto, una volta o l'altra».

«Quella pista è la più grossa delle idiozie! Non si possono mettere insieme ciclisti e pedoni in un metro e mezzo di marciapiede!».

«E dire che ci sono sei metri di strada a esclusivo uso delle macchine, anche se da lì in teoria possono passare solo quelli col permesso».

«Non fanno le piste ciclabili per invogliare all'uso della bicicletta, no! Le fanno per chiuderci in riserva e lasciare più spazio alle jeep!».

«Non si può fargliela passare liscia anche questa volta. Che si fa, Asfalto?!?».

Il presidente non è quello che si dice un impulsivo. Ogni decisione, anche quando può apparire estemporanea, è frutto di analisi scrupolose. Pure non gli sfugge che la società si muove talvolta per strappi, è il risultato di una intuizione, il prodotto di un azzardo. Un piatto, quest'ultimo, assai lontano dalle specialità della casa. Tutto un altro approccio ai fornelli. Si stupisce lui per primo di ricorrere a metafore gastronomiche, non propriamente «pane per i suoi denti». Preferirebbe dilettarsi con le parole, seguire la mente fino a dove ha voglia di giocare, ma intorno si interpreta la sua aria assorta come il segnale che qualcosa bolle in pentola, si attende da lui un'indicazione operativa, solo che il piatto forte ancora non ce l'ha pronto, può solo prendere tempo e intanto dare in pasto alle belve il nome di un cuoco, davvero speciale.

«Chiamiamo Arena!» dice ai presenti.

Stupore. Non è un nome che lascia indifferenti; se Asfalto richiede il suo intervento, i più intimi lo sanno, significa una sola cosa: il livello di scontro si alza.

Arena

Arena non sarebbe veramente uno dei loro, né si può dire che appartenga a un qualsiasi gruppo, o associazione, tanto meno a un partito. Un solitario, ma di quelli destinati comunque ad assurgere a leader silenzioso e introverso di qualsiasi consesso umano gli si componga intorno; era successo così al terzo liceo scientifico, negli anni di quel movimento studentesco che i giornali battezzarono «pantera nera», perché contemporaneo a repentine comparse d'un animale di questa specie nelle campagne della capitale. Al liceo lui e Asfalto furono presto identificati dai compagni come braccio e mente del movimento; era un buon modo per non pestarsi i piedi, e accettarono le parti. In memoria di quegli anni roventi, ricordo delicato che condividono, Asfalto sa di poter ricorrere ad Arena in qualsiasi momento. Non l'ha mai fatto, forse trattenuto dal pensiero che Arena non è poi così affine alla bicicletta, per quanto proprietario di una leggendaria «saltafossi», prototipo indigeno anni Sessanta della mountain bike, da lui, con sapienza meccanica, rimessa a nuovo. Più probabilmente può capitare di scorgerlo in collina che impenna l'enduro su per stradine sterrate, oppure nei vicoli del centro, armeggiare tra cucine e retrobottega di trattorie e ristoranti, raccogliendo scarti di olio fritto. Narra la leggenda che sia capace di ricavarne del combustibile, e tutte le volte che qualcuno me lo racconta mi pare l'invenzione del secolo, e me lo figuro già in frac, ricevuto dal re di Svezia, alla cerimonia d'assegnazione dei Nobel. Poi invece lo incontro, svoltato un angolo, stretto nei jeans, cane sciolto più che mai, sguardo torvo che addolcisce in un sorriso gentile quando mi dice ciao. E di più, non ci siamo mai detti. Arena, Arena, perché sei Arena?

Asf. Inn. 1
(Ambulatorio veterinario del dottor Astolfo.
Circa la metà di novembre)

«La Signora Geri? Prego. Ci siamo sentiti per telefono, vero?».

«Piacere di conoscerLa. Non è facile avere un appuntamento con Lei, sa? Io e questo gattone abbiamo dovuto penare. Posso presentarglielo? Si chiama Astor».

«Benvenuto, Astor. Sei proprio un bel certosino, anzi direi un bellissimo bastardo di certosino, questo pelo è un filino troppo scuro. Mi sa che mamma certosina ha incontrato un bel nerone…».

«Non glielo so dire, l'ho trovato per le scale di casa un paio d'anni fa, quando era molto giovane. Sicuramente veniva da fuori, nessuno nel palazzo l'ha reclamato. Era troppo carino, e me lo sono tenuto. All'epoca avrà avuto sei mesi o poco più».

«Credo di capire. Più o meno a quell'epoca una rivista scientifica americana scrisse della scoperta di un virus che colpiva i piccoli felini… In Europa i giornali titolarono "arriva l'Aids dei gatti", e centinaia di persone, senza pensarci su, abbandonarono il micio ai giardini pubblici, o, quelli più coscienziosi, per modo di dire, infilandolo nel portone di un condominio. Ma non direi proprio che il suo gatto sia così sofferente. Per telefono mi accennava a un problemino».

«Le spiego. Noi viviamo sei mesi nella casa di campagna e sei mesi in città. L'anno scorso è filato tutto liscio, quest'anno invece da quando siamo tornati in città Astor ha cominciato a non essere più tanto bravo come prima...».

«Che cosa ha combinato?».

«Fa tutto di testa sua. Non obbedisce affatto. Sì, lo so che un gatto... È quello che mi piace, ma ora mi sta facendo scappare la pazienza. Fa la pipì dovunque. Sul divano, sul tappetino della doccia, nei vasi sul balcone... Prima non era così, è proprio un caso di regressione».

«Per un gatto non rispettare le regole è un divertimento. In campagna era più pulito?».

«Assolutamente. Aveva la sua lettiera e ne faceva un uso regolare. Eppure non è che facesse una vita troppo diversa. Davanti alla nostra casa di campagna si trova una strada abbastanza trafficata... Ma sono proprio matti qualche volta, non trova? Avrebbero chilometri di campagna alle spalle, niente! Hanno bisogno di traversare la provinciale... Per cui lo tenevo in casa, insomma, non è che fosse più libero di ora... È comunque un animale domestico, voglio dire».

«Altri comportamenti strani che ha avuto dopo il vostro ritorno in città, a parte libera pipì in libero Stato?».

«Sì, Lei ci scherza, dottore... Comportamenti strani quanti ne vuole. L'ultimo in ordine di tempo? Ieri sera ha mangiato i sassolini della lettiera!».

«Un bello stomaco. E mangia altro?».

«Pochissimo, quasi niente. Quando gli metto davanti la scodellina si allontana sdegnato. Poi se non lo guardo spilluzzica qualcosa, ma davvero poco. Sta dimagrendo a vista d'occhio, poverino. Mi sa che è malato...».

«Lo faccia uscire dalla gabbietta. È una bella casetta, molto originale. Dove l'ha trovata?».

«È un modello svedese. Ma non pensi all'Ikea, eh? Vede questo supporto? Si assicura al portapacchi della bici».

«Allora il nostro Astor è un certosino ciclista, complimenti. Ti piace scorrazzare con la padroncina, vero? Cosa fa, resta tranquillo in bici?».

«Se non gli passa troppo vicino un autobus, o uno di queste autoblindo che vanno di moda adesso...».

«Uh, come lo capisco. Lo accarezzi, mentre io provo a tastarlo. Eh, ma sei un coccolone, Astor! Dobbiamo diventare amici. Un giorno facciamo un giro in bici, tutti insieme. Che ne dici, signorino?».

«Oh, lui è d'accordo di certo».

«Allora siamo a cavallo…!».

Tafferugli

A metà del pomeriggio l'incrocio di via degli Abbagli è ancora occupato dai veicoli entrati in collisione, e attorno, sulla strada, sui marciapiedi, sulle soglie dei negozi, alle finestre, prosegue il bivacco di decine, centinaia di curiosi (non è vero che si vive tutti coi minuti contati). Qualcuno si vanta d'aver seguito la vicenda dall'inizio, e bisbiglia all'orecchio del vicino che tutto nasce da un tentativo maldestro di fuga della Punto, stretta d'assedio da una folla inferocita per il sequestro di motorini in via dell'Amore; un altro corregge che no, non si trattava di moto bensì di biciclette, «ma come – obietta qualche ingenuo – ora portano via anche le biciclette?!?». Un giornalista di un quotidiano gratuito locale, riconosciute nel marasma varie teste calde collegabili al gruppo estremista del Critical Mass, stuzzica i presenti con domande esplicite del tipo «ma quindi i vigili sono stati assaliti dai ciclisti?». Il maresciallo dei carabinieri fa cercare l'autista – che sembra scomparso – del carro attrezzi fermo in via dell'Amore, e dopo alcuni minuti si decide a chiedere l'intervento di un altro, ma che intanto si ritrovi anche l'autista del primo, per rimuovere il mezzo. Alla fine questi ricompare, in compagnia di due colleghi, e ha appena iniziato a rispondere alle domande dei carabinieri quando intravede tra la folla uno dei due fuori sede che lo hanno intimorito solo un'ora prima. Lo indica ai colleghi, che gli si precipitano addosso, scaraventandolo a terra e infierendo su di lui. È l'inizio del tafferuglio: in un attimo alcuni amici dello studente e altri del quartiere si frappongono, rovesciando a loro volta una gragnuola di cazzotti e calci sugli aggressori. Da tutto intorno si leva un clamore selvaggio di grida e altri entrano nella rissa, rendendo vani i concitati richiami all'ordine dei carabinieri. Delle motivazioni originarie della baruffa si perde quasi subito la coscienza, se mai c'è stata. Nessuno pensa di mollare cazzotti in difesa o meno delle biciclette rimosse. La situazione degenera, trascinata da risentimenti e insoddisfazione popolari: un chiaro episodio di corto circuito anti-istituzionale!

Un poliziotto privato, che staziona nei pressi di una filiale della cassa di risparmio a qualche decina di metri, sopraggiunge di corsa, gridando «Basta! Fermi! Finitela!», non ottenendo migliori risultati dei carabinieri, e anzi rimediando nel parapiglia un calcio in uno stinco che lo manda in bestia e gli fa perdere il lume della ragione, spingendolo a mimare il gesto di sfoderare l'arma, infine a trarla fuori dalla fondina, impugnarla e dissennatamente mostrarla ai più agitati, riceverne qualche insulto e un paio di sputi, e infine a fare uso dell'arma con due colpi secchi esplosi per aria. L'attimo di silenzio surreale che ne segue viene frantumato in mille pezzi come la vetrata della veranda all'ultimo piano del civico 65, fra le grida di terrore di chi si vede rovesciare addosso centinaia di frammenti, che precipitano per terra spezzandosi con suono sinistro. Il vigilante rimane impietrito dall'accaduto come e più degli altri; il maresciallo dei carabinieri gli dà del folle, strappandogli di mano la pistola, che quello continua a guardare instupidito, portando ripetutamente lo sguardo dall'arma al terrazzo; i contendenti attorcigliati mollano la presa del nemico e rivolgono contro di lui la loro collera; l'altro carabiniere lo sostiene per un avambraccio e lo scorta in malo modo verso l'auto, dove la radio gracchia e rimanda la voce sgradevole di un commilitone che chiede contatto.

A quel punto Asfalto non ha più esitazioni, e dà l'ordine: «la misura è colma, prendiamoci il palazzo!».

La proposta viene accolta con una certa perplessità: che palazzo? L'unico che rischia di passare per citrullo è Manubrio, che gli fa «Questo palazzo qui, della veranda spezzata?».

«No, il palazzo del sindaco!».

«Allora avevo capito bene alla prima» cerca di rifarsi. «Ma il sindaco non c'è, hai sentito? Che si va a fare?».

Asfalto si passa un paio di volte i canini sul labbro inferiore, tic di un volpino curato anni prima, e sorridendo lo corregge: «Non c'è assenza di potere... C'è vuoto di potere, e noi lo si riempie!».

Segue una pausa. Volti allibiti. Poi ogni perplessità viene spazzata via dal grido di battaglia dell'esuberante Jumbo, specialista di certe ambiguità verbali, che con la sua possente ugola scandisce in roboante crescendo, accompagnandosi con battito di mani: «E allora ar-ri-pie-nia-mo-glie-lo noi, tutto quel buco, ragazzi!».

Asfalto

A differenza di Arena che non ha continuato gli studi, dopo il liceo Asfalto s'è iscritto all'università, e con scelta originale, per lui che in precedenza non aveva avuto molti rapporti con la natura, si è iscritto a Veterinaria ma in un'altra città, arrivando a laurearsi. In quegli anni, e nei successivi in cui tira la carretta su e giù per la Bassa Padana inseminando vacche per le cooperative agricole, i suoi rapporti con la città natale si allentano, e sempre più, quando vi torna, fatica a ritessere le vecchie amicizie. Quando la crisi dei grandi allevamenti tocca il culmine, decide di farla finita con le bestie vere, torna a casa e apre un piccolo ambulatorio per cani e gatti in una periferia che non è quella dove è cresciuto. Gli affari vanno come vanno. Potrebbe estendere l'orario di apertura dell'ambulatorio e ricevere più clienti; ma il lunedì è spesso di pessimo umore, e «per rispetto degli animali» non esercita; il martedì e il giovedì mattina si allena fuori città con la bici da corsa, passione morbosa e solitaria. Il venerdì pomeriggio si occupa dell'associazione ciclistica di cui è fondatore: «Nouvelle Velo». Molti dall'esterno la considerano un'associazione per il tempo libero, una combriccola di simpatici signori col bernoccolo della bicicletta; a lui tocca precisare, e non si stanca di farlo, che l'Associazione ha delle finalità politiche, sollecita la creazione di condizioni favorevoli a una diversa mobilità cittadina, rispettosa dell'ambiente e della salute pubblica. Nella sua città ideale la bicicletta, e non più l'automobile, la fa da padrona. Con un impegno così intenso, i vari fido e fuffi devono pensarci bene prima di sentirsi male: l'assistenza medica resta pur sempre migliore di quella riservata a un comune cristiano, ma bisogna fare il conto dei giorni della settimana, cosa di cui – a sentirlo – gli animali domestici sono capaci, basandosi sulle abitudini della padroncina (il venerdì torna con i pacchi della spesa, sabato non cena a casa, se sta a letto fino a tardi con quello stupido è domenica, ecc.). Ancora più facile sarebbe per l'animale di casa sua, se ne avesse uno; la domenica esce con la mountain bike e la tuta rossa, il martedì e giovedì con quella da corsa e i pantaloncini corti, gli altri giorni prende la bicicletta con le sacche nere e indossa il completo di tweed, molto professionale. Resta l'impressione che la città non gli perdoni gli anni di assenza, e che da allora la sua condizione sia quella di uno straniero, preso per quello che può dare, ma respinto nel momento in cui chiede, di qualsiasi cosa si tratti: amici, amore, piste ciclabili.

MdB 2

L.: «Dimmi una cosa: tu hai un'idea di chi sia la Madre Superiore?».

C.: «Se ce l'avessi me la terrei per me. Dai, non essere curiosa. La cosa è congegnata bene così: solo lei conosce l'identità di tutte le madri. Nessun altro. Io conosco solo te, perché ci hanno assegnato di cellula insieme, e per caso ti conoscevo anche prima, e quella che ti ha preceduto, che comunque adesso ne è fuori».

L.: «Perché è uscita?».

C.: «Segreto».

L.: «Vocazione in crisi?».

C.: «È un caso curiosissimo, quasi da ridere. Il nome però non te lo faccio».

L.: «Non mi fraintendere, non è quello…. Solo che ritrovarsi a questi incontri tutte incappucciate, impossibilitate a parlare per non dare indizi sulla propria identità, insomma, qualche volta mi inquieta… Sono entrata nelle Madri perché condivido l'idea, ma mi sembra tutto troppo anonimo… Avrei bisogno di scambiare quattro idee su quello che facciamo, e non parlo solo di idee. Magari fare una battuta, alleggerire la tensione, ascoltare il racconto di un'azione. Insomma, ci vuole anche confidenza, amicizia per sentirsi forti. Capisci quello che voglio dire?».

C.: «Come no. Ma io mi sento più sicura così, scusa ma la vedo in un altro modo. Un giorno potrebbero acciuffare una di noi, e se la torchiano? Oppure se una ha un ripensamento, se si pente? La conosci la sindrome da pentito, no? A un certo punto per assolvere la propria coscienza si danno tutte le colpe possibili agli altri, e li si inguaia!».

L.: «Sarà... Solo che a me sembrava di essere entrata nelle Madri di Biciclette, mica nelle Brigate Rosse!».

Palazzo d'inverno

Con un semplice passa parola e qualche messaggino quei folli raccolgono nel giro di un'ora diverse decine di accoliti; con lessico situazionista, e logica carbonara, l'obiettivo propagandato è quello di «farsi sentire anche dai ciechi e vedere anche dai sordi», ma quando sono lì davanti al palazzo e si fermano al limite dello scalino più basso, il funzionario di Pubblica Sicurezza chiede cosa abbiano in mente, e Asfalto risponde «un sit-in» e quello commenta «A quest'ora?!?».

Gli tocca predisporre un paio di camionette e qualche milite che si sacrifichi a passare la serata all'addiaccio. Conosce i suoi polli: la maggior parte dei manifestanti all'ora di cena se la squaglierà alla chetichella, ugualmente qualche fesso deve rimanere a dare un occhio.

«Che già oggi ne sono successe… pure quel deficiente che si mette a sparare per aria e butta giù una vetrata e quell'altro mammalucco che si fa buttare giù dalla spalletta, tutti con me ce l'hanno che domani tra undici mesi vado in pensione», e tutto procede liscio e solo Asfalto e i suoi fidi conoscono il reale obiettivo, ma ancora non è il momento, prima si deve aspettare che arrivi… chi? Ma Arena, naturalmente!

Arriva Arena

Compare ch'è già buio, da solo, con il solito abbigliamento appiccicato addosso, pantaloni e giacca di jeans, foulard nero al collo. Stringe in una mano i guanti da motociclista e quando si avvicina alle prime file del gruppo Asfalto gli si fa incontro e si appartano un momento e lui lo mette certo al corrente delle vicende del giorno e dell'idea che gli è venuta. Arena ascolta senza guardarlo negli occhi, lo sguardo apparentemente distratto ma in realtà sta facendo i suoi conti, valuta gli schieramenti disposti in campo; solo alla fine con un cenno del capo assente senza un sorriso né altro.

C'è una televisione locale, Arena si dirige verso di loro e confabula pochi secondi con i giornalisti.

«Accidenti se sapessi leggere il movimento delle labbra!» commenta Maddalena, ancora alle prese col suo raffreddore e le decine di fazzolettini accumulati nelle tasche e nei taschini di pantaloni e mantello; la carta non si butta per terra, «anche se non sono una santa», ma nella concitazione della giornata s'è sempre dimenticata di rovesciare il tutto in un cestino dell'immondizia, del resto rari quanto e più delle rastrelliere per bici.

«Ve lo dico io cosa gli sta dicendo, lo conosco bene, decifro le parole dai movimenti della testa e dall'impostazione del corpo, gli sta dicendo di non riprendere le prossime scene» svela Asfalto.

«E gli danno retta?» dubita Fanale.

«Ci puoi scommettere» chiosa Larissa, quasi risentita per il suo scetticismo.

Non è eccezionalmente alto, Arena. Un po' sopra la media. E non è certo il tipo che s'è fatto i muscoli in palestra a forza di sollevare sbarre e circonferenze di ferro e sfoggia bitorzolute braccia scoperte. Potresti definirlo anche magro, molto magro; sensazione rafforzata dalla forma affilata della faccia, solcata da un naso lungo e sottile e segnata da occhiaie spesso gonfie e pronunciate, quasi un segnale di sofferenza. La sua nodosità gli conferisce comunque un aspetto di forza mista ad agilità, sveltezza, geometria degli arti e dei nervi sottesi. Qualcuno al liceo l'aveva soprannominato «Tiramolla», come il protagonista di un fumetto d'altri tempi. La sua è l'elasticità di una catapulta, di quelle che a tutta carica nel medioevo scagliavano pilastri di un quintale a schiantarsi contro le mura del castello assediato. Tali sono i suoi colpi, che assesta a mano aperta, di taglio, rifuggendo la volgarità del cazzotto.

Viene poi verso di noi (da qualche minuto sono anch'io della combriccola, e per le prossime quarantott'ore ore potrò darvi testimonianza diretta degli sviluppi) che aspettiamo sempre al bordo dei primi cinque scaloni di pietra per i quali s'accede all'immenso portone d'ingresso del palazzo. Sostiamo in piedi, stanchi di stare seduti su un pavimento rozzo e grezzo. Scherziamo che invecchiando si propende per sistemazioni comfort, anche in caso di sit-in. Ma all'avvicinarsi di Arena quelli che sono seduti s'alzano, e chi è in piedi assume una posizione meno svaccata. Quando si dice il carisma... Si limita a poche e chiare parole, come suo solito.

«Bene, ragazzi, ora s'entra. Avanziamo uniti. Chi fa un mezzo passo indietro invece che uno in avanti se la vede con me!».

Ma in quanti saranno là dentro, a parte questi due sul portone? Non importa, non ci possono fermare, l'ha detto lui. Ecco, ci si muove, ci fa entrare di corsa, io a correre mi vergogno, lui con due balzi è già sulla soglia, e noi staccati di metri, ma lo stesso determinati a varcare la fatidica porta con spirito garibaldino, io sto nel mezzo e per prudenza mi metto una mano davanti al volto e l'altra a difesa del corpo, come ho visto fare ad Arena, dev'essere kung-fu, lui è un campione, si dice che non abbia mai incassato una sola botta in tutti gli scontri che ha fatto; allora avanti, strillo anch'io, come in un assalto di pellerossa, serve a incutere timore al nemico.

«Piano, Signori, che c'è da correre? Questo è un palazzo storico, ci vuole attenzione!».

«Eh?!?». Cortesemente i due vigili si fanno da parte, non abbozzano il minimo tentativo di resistenza, ci raccomandano solo rispetto, manca poco che ci chiedano di pulirci le scarpe prima d'entrare. Ma noi siamo già nel chiostro, alcuni passano a sinistra e altri da destra facendo un giro un filo più lungo. Arena ai piedi della scalinata si volta e ci aspetta, dalla balaustra del piano di sopra ci guardano un custode e la segretaria di qualche assessore, non sono per niente intimoriti, addirittura spalancano la porta a vetri, probabilmente temono che possa essere danneggiata dalla folla che si accalca, ma non siamo mica una scolaresca in visita, si viene fin qui per infliggere un colpo mortale al malgoverno e alla burocrazia inefficiente e corrotta. Temeteci, per Dio! Dalle stanze s'affaccia qualche altro impiegato, sono curiosi di noi, distrazione al solito tran tran dell'ufficio un pomeriggio d'inverno che non succede nulla, con il sindaco via e mezzi assessori pure. Un momento, ma quello che si fa avanti gagliardamente non è l'assessore allo sport? Che vuol fare, l'eroe?!?

«Buona sera, Signori! In cosa posso esservi utile?».

Troppo conciliante, ma che si crede? Per chi ci scambia? Asfalto strizza gli occhi, gliel'ho visto fare altre volte, come se mirasse un punto su cui indirizzare la sua energia, e prova a drammatizzare la situazione. «Siamo quelli di Nouvelle Velo!», chiarisce, caricando la "o" finale.

«E come no, ci conosciamo! – si apre l'assessore in un sorriso – Siete gli amici della bici…!».

«Non propriamente, quelli sono altri. Ci siamo divisi!».

«Ah, mi dispiace. Ma… siete ciclisti anche voi, no?!?», s'informa timidamente l'assessore, voltandosi verso la segretaria come per chiederle spiegazioni di un'informazione inesatta.

«Noi siamo i ciclisti, gli altri ogni tanto vanno in bicicletta, ce ne corre fra noi e loro!», ruggisce ancora Asfalto, dando mostra di risentimento.

«Un momento – si sente una voce da dietro – qui ci sono anch'io, e io sono degli amici della bici!».

«Ah sì? E chi t'ha chiamato?».

«M'ha chiamato Fanale», risponde indicandolo, che si giustifica: «Ce l'avevo in memoria sul telefonino».

«Cosa sono questi settarismi idioti?», si fa sotto un altro che non s'è mai visto prima.

«Io sono un ciclista, e sono qui perché il Comune porta via le biciclette e non ci mette le rastrelliere dove servono, e perché oggi uno di noi, e non m'importa di che bandiera e se ne aveva una, è volato giù dal parapetto sul Lungofiume!».

Meno male, ci voleva uno che richiamasse tutti alla ragione.

«Il Comune deve rispondere di queste accuse, e non sdilinquirsi in salamelecchi e riverenze, ma venire al sodo. Chi ha dato l'ordine di fare quella razzia in via dell'Amore? Un assessore? Il comandante dei vigili? Chi? Fuori i nomi!».

Da più parti si grida di fare silenzio ma ognuno strilla la sua, e cresce una babele di voci confuse e sgolate tanto che non c'è modo di ascoltare la fine di un ragionamento che vieni distratto da chi strilla più forte o ti sta più vicino. Ho accanto uno che si lamenta della pista ciclabile per lo stadio, perché sopra ci passa ogni mezzo provvisto di ruote. Io mi volto, solo per scoprire chi mi sta sfondando i timpani, e quello incrocia il mio sguardo risentito e fraintende la mia espressione; esige un cenno di assenso che io gli nego, ma ciò non vuol dire che non sia, o non possa essere, d'accordo.

L'assessore ci fa comunque dono di sorrisi pontifici, strizzatine d'occhio, battutine di spirito, scossettine del capo, lui è proprio d'accordo con tutti, comprende benissimo, non a caso è assessore allo sport.

«Sono ciclista anch'io! Ce l'ho al mare, a primavera la tiro fuori!».

Per le più che legittime rimostranze suggerisce di rivolgerci all'assessore preposto alla mobilità.

«Lo conoscete bene, o mi sbaglio?». Sorrisino beffardo. «E, naturalmente, al sindaco, che alla fine ha il potere di smuovere tutto. Ah, certo, quasi dimenticavo, ora è in Cina».

«Eh, già. In Cina».

«Vi conviene ripassare la prossima settimana» suggerisce l'assessore.

«Neanche per sogno!» sentenzia Asfalto.
«Alea iacta est!» latineggia Formaggino.

Occupanti

Siamo dentro, gli insorti più inadeguati nella storia mondiale delle sollevazioni popolari. Chi si guarda negli occhi, chi si apparta in piccoli gruppi, chi si diletta di osservazioni architettoniche. Asfalto si sforza di prendere in mano la situazione e richiamare all'ordine. Pare diffidare dei momenti di stasi, in cui all'azione o alla discussione subentra il confabulio fra piccoli gruppi; sale su un tavolo di legno che Sergino ha già adocchiato per casa sua, attende qualche istante che tutti si accorgano della sua postazione e gli si facciano intorno, e comincia.

«Un governo debole non raccoglie altro che il disprezzo della gente. L'associazione ha davanti a sé la strada obbligata di riempire il vuoto di potere che si è creato, e il deficit di comunicazione tra potere e cittadino che indebolisce la democrazia».

Cavolo che attacco! Ma cos'ha studiato, Veterinaria o Scienze Politiche?

Sentite il seguito: «Dichiaro pertanto la costituzione di una duma rivoluzionaria – qualcuno sbianca a quell'inaspettatissima svolta bolscevica, ma non Formaggino, che conferma che "sembra proprio la presa del Palazzo d'Inverno" – con il compito di reggere *pro tempore* l'amministrazione della cosa pubblica, in attesa di nuove elezioni. Propongo un sistema di democrazia diretta aperta a tutti i cittadini, che si riunisca nel Salone dei Trecento e deliberi a maggioranza sulle più urgenti questioni che interessano la città, a cominciare dai nodi cruciali della viabilità, del traffico e dello sviluppo sostenibile».

Fatto qualche passo gli viene in mente una cosa, e volgendosi indietro riprende: «È opportuno disporre di una forza di dissuasione nel caso la reazione tenti un'azione di rovesciamento del nuovo quadro istituzionale…».

«Che bravo!» mi sussurra Maddalena all'orecchio.

«Parla come un libro stampato!» le confermo io.

«... formiamo un corpo di guardia che vigili sugli ingressi del palazzo, e affidiamo il comando ad Arena, che anche in questa occasione ci ha dato splendida prova delle sue capacità, anzi, credo che dovremmo tutti ringraziarlo seduta stante!».

L'appello raggiunge i sentimenti di quei generosi e una selva di applausi si leva dal capannello. Un riconoscimento dovuto, commentano in molti. La mossa giusta per fugare sospetti di leaderismo, dicono altri. Il modo migliore per liquidare Arena, afferrano in pochi. Formaggino è al settimo cielo: proprio come fece Lenin con Trotzky! Poi il capo del governo (provvisorio?) si dirige verso il salone, ma sbaglia strada, e bisbiglia all'orecchio di un custode che gli indichi la via. Arena resta un po' indietro, per scegliere gli uomini da spedire agli ingressi e piazzarne altri in punti strategici.

«Turni di due ore, e in caso di pericolo mantenere la calma. Evitiamo di chiamarci per nome. Se qualcosa non vi convince o avete bisogno di rinforzi la parola è "Geronimo", come ai tempi del liceo. D'accordo?».

«Geronimo?!? Ma che si gioca agli indiani?» critica Fosco.

«Allora tu non sei adatto al compito!» lo gela Arena, facendo cenno che si allontani dai prescelti. Che scioccamente se ne rallegrano.

Fosco

Fosco paga nei rapporti con gli altri una certa tetraggine che non deriva da una visione lugubre dell'esistenza, come gli rimproverano, ma piuttosto dalla coscienza dell'esistenza del peggio, in definitiva un prodotto di quel che si dice il pessimismo dell'intelligenza. Ama mettere le mani avanti, e un ciclista sa che questa è la regola prima per non sfracellarsi il muso in caso di caduta. E quindi la maldicenza di tanti che lo ritengono un volgare iettatore appare una interpretazione superstiziosa e primitiva della complessità del suo modo di porsi. Certo, ha l'abitudine, direi l'attitudine, se sfreccia una moto per la via, di lasciarsi andare a commenti del tipo «quello si rompe il capo», oppure, se saetta un fulmine «qui si finisce in cenere». Considerazioni estemporanee e assolutamente innocenti, che non si vede come possano nuocere ad alcuno.

Eppure si narra che una domenica, anni addietro, lui, Manubrio e altri, si fossero mossi verso la Montagna Calva per un'escursione in mountain bike. La quiete della radura dove si erano fermati per uno spuntino era a intervalli regolari disturbata dal ronzio di un elicottero che ripeteva un'ampia circonferenza sulla vallata per poi scomparire alla vista e all'udito dietro la cima della montagna, e ricomparire implacabilmente qualche minuto dopo dal lato opposto per ricominciare il giro. All'ennesimo passaggio sulle loro teste Fosco maledisse il pilota con tutta la rabbia che aveva in corpo, augurandogli di non sbucare più vivo da dietro il colle; cosa che si avverò. Gli amici si complimentarono: i suoi furibondi anatemi avevano sortito l'effetto desiderato. Finché Volpe, rabbrividendo, scorse una nube di fumo nera che si levava dal versante nascosto della montagna e la indicò agli amici. Il sorriso si smorzò sulla bocca di tutti. La combriccola prese a fissare Fosco con sguardi sospetti. Intorno gli si fece il vuoto. Qualcuno inforcò la bicicletta e si allontanò velocemente, senza un saluto. Anche gli amici più fidati, nella discesa dal monte, gli si tennero a debita distanza. E, da quel giorno, Fosco non ebbe più pace. Eppure era nel calcolo delle possibilità che a tante premonizioni facesse seguito, una volta almeno, il verificarsi del fattaccio. Segnato.

Salto di qualità

Il piccolo cabotaggio di certi ordini del giorno stilati per gli incontri del martedì sera nello stanzino della Casa del Popolo di piazza de' Pazzi, col vocìo dei tifosi dall'attiguo salone Tv, non è più compatibile con le nuove responsabilità assunte, e nemmeno con l'impressionante contesto storico e architettonico in cui ci troviamo a operare. Dalle rastrelliere alla politica energetica nazionale il passo è breve, meno prevedibile uno scivolone sugli organismi geneticamente modificati e da questi all'eutanasia, ma è quel che succede, e mentre i migliori cervelli gareggiano nella disamina dei principali problemi del pianeta, un'ombra aleggia sull'animo dei mediocri, fino a impedire a molti di seguire proficuamente il dibattito. Formaggino investe del problema la Presidenza: «Chiedo scusa all'Assemblea, ma fra i grandi temi messi sul tappeto mi pare si sia trascurato finora quello fondamentale della fame».

«Hai ragione» riconosce Asfalto.

«Bene, allora mi rivolgo a te, Asfalto. Io svengo dalla fame, ho saltato anche il pranzo e...».

Una valanga di grasse risate rotola addosso all'affamato, svergognandolo. Per una volta che ha parlato con la pancia invece che con la testa quadrata, qualche punto se lo meriterebbe, considero tra me: insomma, siamo ancora liberi di uscire a prendere una boccata d'aria e farci un panino, o si deve chiedere il permesso a qualcuno, e perché poi? Dobbiamo anche dormirci, qui dentro? Esterno le mie perplessità a quello accanto, non lo conosco ma ha l'aria di saperla lunga, ho visto che lo salutano con un certo rispetto, lo chiamano il Colonnello, sentiamo se ne sa più di me.

«Ma dove pensi d'essere, al cinema?» ruggisce.

Ma che risposta del cavolo, che vuol dire? Posso andarmene o no? Ora alzo la mano e gliene canto quattro a tutti quanti, e che diamine, stavolta non mi va di ingoiare il solito rospo. Lo confesso, ho fame anch'io. Ho saltato anche la pastina delle 5, per correre qui. Peccato ci siano altri iscritti a parlare, così quando viene il mio turno non ho più la stizza di prima, e la butto sul ridere.

«Sì, parla tu!».

«Grazie. Amici, vorrei che in una giornata storica come questa rivolgessimo un pensiero di solidarietà al primo cittadino di questa città, costretto dagli impegni di rappresentanza a una pericolosa missione nelle lontane terre di Cina, alla corte degli imperatori della feroce dinastia Ming. A lui un caloroso saluto del governo provvisorio. Ciao Ciccio Polo!».

Tripudio davvero, risate e gesti sguaiati, pernacchie e strilli scomposti, insomma un concerto serale dal Salone dei Trecento. E per chiudere Jumbo con l'ennesima variante al suo tormentone: «E allora am-min-ghia-te-glie-lo stretto stretto, cinesi!».

Ma di certe sue esternazioni mi riprometto di spiegare presto la genesi...

Asf. Inn. 2 (continua)

«Il micione si direbbe in forma, può stare tranquilla. Ha un manto così lucido, vede? Butta il blu».

«Ma se non mangia niente...».

«Non si direbbe. Chi c'è in casa, oltre a Lei? È possibile che qualcun altro lo nutra di nascosto? Non sa quanto sia comune, specie se in giro ci sono persone anziane...».

«No, assolutamente. Mia madre non viene a trovarmi perché ci sono troppe scale, e altri anziani non vedo proprio chi...».

«Forse Suo marito. Non voglio dire che sia anziano, ma forse gli dà da mangiare lui. Avete figli?».

«Guardi, dottore, che non sono sposata. Vivo da sola».

«Avevo capito che fosse sposata. Prima mi parlava di noi viviamo, di casa nostra...».

«Io e Astor. È il mio fidanzatino...».

«Perfetto. Però mi pare che il rapporto sia un po' in crisi, sa? Astor sta attuando una politica di protesta. Di sicuro Le rimprovera qualcosa, ci pensi su, nessuno meglio di Lei può sapere di cosa si tratti. Potrebbe anche rivolgersi a un veterinario comportamentalista, può darsi che La sappia aiutare meglio di me».

«Mi scusi, dottore, ma io sono venuta da Lei perché mi hanno detto che capisce i comportamenti degli animali domestici come nessun altro».

«Lei lavora? Mezza giornata, quindi Astor resta molte ore da solo durante il giorno, e secondo me trova anche il modo di mettere sotto i denti qualcosa. Se avesse fame prima o poi smetterebbe di fare la scena. Il suo fidanzato dorme con Lei?».

«Il mio fidanzato?».

«Astor! O ne ha un altro?».

«Oh, dottore, Lei mi vuol confondere. Ma si figuri se questa carognetta dorme con me! Non l'ha mai fatto. Gira per la casa come un essere in pena e poi si piazza davanti alla finestra di cucina. Fissa fuori. E miagola».

«Anche in campagna si piazzava davanti alla finestra? E non uscivate mai?».

«No. Cioè, io sì, che c'entra, ma lui no. Non usciva. Quest'anno aveva anche un compagno di giochi. Anzi, una compagna. Una micia. Ma non ci posso credere che gli manchi... Perché sorride? Astor è come un bambino. Le pare che un gatto soffra di nostalgia? I cani, ho letto. Possono far chilometri per ritrovarti... Ma i gatti?».

«Pure. Glielo garantisco. A modo loro».

«Non mi dica... che Astor s'è preso una cotta per la gattina?!? No, non ci credo. Dev'essere un'altra cosa. S'è beccato chissà che virus, o infezione o che ne so io... Vede come La guarda adesso? Con quegli occhi a mezz'asta, pare lo sguardo di un tossico!».

«Assolutamente! Mi sta sorridendo. Magari gli ricordo la micia. Posso chiederLe come si chiama?».

«Chi, io? No, perché mi pare si diverta a farmi dei trabocchetti. Giada».

«Vede, Giada... Parafrasando un vecchio film, Astor ha ballato una sola estate... È malinconico. Non le perdona di essere tornata in città».

«Come fa a esserne certo?».

«Ma mi metto nei suoi panni».

«Ah! Si deve star bene fra tutto quel pelo».

«Adesso li fa Lei i trabocchetti...».

«Di nuovo vuol farmi dire cose che non ho detto! Ma si comporta così con tutti i clienti? Basta, con Lei non parlo più».

Notte n. 1

Incarichiamo gli amici del ristorante vegetariano di preparare e consegnare al corpo di guardia vettovagliamenti per cinquanta persone; attraverso la collaborazione di amici, parenti e conoscenti all'esterno vengono pure raccolti quanti più sacchi a pelo per la notte che sopraggiunge. Si pubblicizzano due numeri telefonici, uno in entrata per le comunicazioni personali dei familiari con gli occupanti, quei pochi sprovvisti di cellulare, e uno riservato alle autorità; sembra che debbano intercorrere comunicazioni telefoniche con il prefetto e anche con il comandante dei vigili e il questore. Viene preannunciata anche una telefonata del capo del Governo, che però, al pari di quelle altre, non giunge. A mezzanotte le luci del salone vengono spente, e molti si dispongono a passare la nottata sdraiati sui preziosi marmi dell'elegante salone. Ma non è facile prendere sonno in una situazione così eccezionale. Più d'uno nella notte si alza e prende a confabulare con qualcun altro pure sveglio, finché ai due non si aggiunge un terzo e poi un quarto e si formano dei capannelli che rileggono gli avvenimenti del giorno, ognuno aggiungendo particolari sfuggiti ad altri.

Più sul personale, Geometra Marchigiano mi confida che si è svegliato sconvolto, per via di un incubo che da alcune settimane lo perseguita: ha progettato e fatto costruire per un industriale di provincia, che voleva fare colpo su una battona dell'Est, una piscina sul tetto della fabbrichetta. Nel sogno si avvede all'improvviso, con terrore, di profonde crepe nel soffitto del capannone, che si allargano a vista d'occhio e preludono a un rovinoso crollo di migliaia di litri d'acqua misti a calcinacci, tubazioni, industriali nudi e battone dell'Est sulla testa degli operai, pure dell'Est. Un'onda travolge anche lui, e solo grazie alle tante estati passate a sguazzare nel mare di casa, riesce a issarsi in salvo su uno sfrigolante telaio percorso da scosse elettriche. Qui si sveglia, fradicio davvero, ma di sudore. Io gli spiego che è il suo modo d'esorcizzare una paura, ma non pare rinfrancato.

Invece Manubrio entra in confidenza con uno dei custodi notturni; ha sentito di strani fenomeni che accadono di notte negli antri più reconditi del palazzo: porte che si chiudono da sole, luci che si accendono e smorzano senza intervento umano, rumori indecifrabili non localizzabili con esattezza; con molta circospezione lui e un altro in cerca di emozioni azzardano ispezioni notturne agli angoli più recessi dell'edificio, dietro porticine che nascondono antiche scale e ripostigli polverosi dove l'opera di generazioni di ragni ha sospeso gigantesche tele al soffitto.

Per tutti la scelta, al mattino seguente, è tra toilette o cappuccino. Ci penso su e opto per la prima, pagando il lusso di un cesso non ancora otturato con la desolazione di un distributore di bevande e merendine ormai saccheggiato. Attendiamo poi di verificare se il personale impiegato nei vari uffici si presenterà al lavoro nonostante lo stato di occupazione del palazzo. La giornata appare sotto questo punto di vista assolutamente normale e si decide dunque di permettere l'ingresso al pubblico.

Concomitato

A un certo punto, saranno state nemmeno le dieci, si sente un gran vociare, dallo scalone. Una delle guardie svizzere di Arena chiama a squarciagola un certo Girolamo.

«Il primo cervello che parte!» vaticina Fosco con la consueta allegria.

Arena è svelto ad andare a vedere; un manipolo di persone ha intenzione di salire e unirsi agli altri già dentro. Dato che l'ordine è di far salire uno alla volta, e non gruppetti, il tipo aveva fatto risuonare il grido d'allarme; solo che invece del convenuto «Geronimo», s'è messo a invocare il nome di un frate, finito arrosto lì davanti, il cui supplizio viene ricordato da una targhetta sulle cui parole s'è imbambolato.

Arena è comprensivo, e lo lascia in piedi. Dopo di che fa chiamare giù Asfalto, e gli dice «Ragionaci tu con questi».

Si fa avanti un tipo giovanile, vestito con capi d'abbigliamento di ben altra qualità rispetto ai nostri.

«Siamo dell'associazione "Via la tramvia". Del Quartiere 5. Abbiamo raccolto le firme dei commercianti e dei residenti contrari al ritorno dei tram. Roba preistorica. Voi ce le avete le firme? Uguale. Ce le abbiamo noi, così siete più rappresentativi anche voi. Quanti siete di sopra? Qualche decina? Pochini, per contare davvero, ma, tranquilli: con noi diventate più forti. Avete dietro qualcuno? No?!? Allora state attenti. Voglio dire: a voi vi spazzano via in cinque minuti, e poi vi danno la colpa di aver pisciato negli angoli. Ve lo dico io. Fanno così. Vi scaricano dicendo che tanto eravate una banda di sudicioni. Con noi non se lo possono permettere... Sa quanti voti siamo noi?!? E poi, guardiamoci negli occhi. Siamo dalla stessa parte!».

«Dipende...», riesce a soffiare Asfalto.

«No, non dica così! È una questione di cifre, di numeri. Lo sa quanto sono larghe in media le strade da noi? Non mi sono presentato, sono l'ingegner Marucelli, e qui accanto a me c'è l'avvocato Falossi. Quest'altro signore è il professor Spinotti, una vita per la scuola. Voleva venire anche il Randelli, lo conosce, vero? No?!? Su, quello dei ricambi auto... Ci sarà andato qualche volta... Che macchina ha? Ah, comoda. Piccina, ma ci si va dappertutto. Non ha figlioli, fa proprio bene... Poi con i figli ci vuole la macchina grande, vedrà... È sempre questione di numeri».

«Sì, ma la tramvia...», interferisce Asfalto, ma quello lo brucia di nuovo: «Le tramvie, le tramvie...!».

Il modo in cui argomentando si avvicina quasi a sfiorargli il braccio fa sì che Asfalto si irrigidisca e tenti, con timidi passettini laterali, di ristabilire una distanza che quello ricuce prontamente: «Le tramvie dove ci sono le stanno levando, non vorrà mica occupare metà carreggiata con dei binari? Voi siete gli amici della bicicletta, no?».

Asfalto trova inutile precisare.

«Volete le piste ciclabili, o mi sbaglio? Avete ragione, la bici è il mezzo più ecologico. Ma se fanno la tramvia, come spera che accanto ci facciano una ciclabile? Manca il posto. Accanto alla tramvia fanno passare le macchine, altro che le biciclette. Vi levano anche quelle che v'hanno già fatto. Appunto, dico io, mettiamoci d'accordo. Noi siamo contro la tramvia, ma mica contro le piste ciclabili. Vanno fatte per bene, lì dove avanza posto... Non le pare? Oh, poi è lo stesso Assessorato, la lotta è comune. Lo capisce da solo!».

Asfalto ascolta con la buona educazione delle persone cortesi, pure se avverte che qualcuno dietro di lui scalpita, come il toro pronto alla carica solleva la polvere con lo zoccolo. D'altronde siamo partiti con l'intento di costituirci in assemblea aperta alla cittadinanza, l'idea è quella della democrazia diretta, popolare; come si possono adesso porre veti alla partecipazione di persone che ragionevolmente portano avanti una propria istanza?

«Non so se riusciremo mai a fare un documento comune».

Visto che Asfalto tentenna, Formaggino interviene in difesa della purezza ideologica di Nouvelle Velo.

«Direi proprio di no» gli dà man forte Alvaro. «Voi siete contro la tramvia perché ruba posto alle macchine, ma noi è proprio contro il dilagare dell'uso privato dell'automobile che ci muoviamo. Primo problema: troppe macchine. Secondo: poche biciclette. Terzo: servizi pubblici inaffidabili. Non credo che siamo dalla stessa parte. Anzi, mi sa che siamo su fronti opposti, caro Lei!».

Nella concitazione davanti al palazzo, la concentrazione di Asfalto viene distolta dalla vista di altre facce, non del tutto estranee, che spuntano da dietro le file degli antitramvisti e sembra stiano cercando di richiamare la sua attenzione.

Quelle sono le situazioni più imbarazzanti, non riconoscere un compagno di studi, un mezzo parente, o anche un vecchio collega, al di fuori del luogo di frequentazione comune, lo mette sempre a forte disagio, temendo, per questo, di apparire arrogante e distante; difetti che gli appartengono, ma in un senso diverso. Ormai ha imparato che si guarda a lui con rispetto, ma nello stesso tempo lo si vive come un corpo estraneo, un'entità astratta più che una persona, uno per cui la vita è affare terribilmente serio, e grave, e pesante. Gli è capitato, nelle ricognizioni della nottata, di avvicinarsi a uno degli ingressi del palazzo, presidiato dai ragazzi di Arena. La reazione di un paio di questi, al vederselo comparire davanti, lo aveva ferito, amareggiato. Non c'era dubbio che i due si stessero fumando una canna, che al suo arrivo furono lesti a spegnere per terra, prima di rivolgergli un'espressione stonata più eloquente dell'inconfondibile odore del fumo. Aveva fatto finta di nulla, ma la scena lo aveva riportato ai grami tempi del servizio militare, come se quelle fossero state due reclute pescate in flagrante non dal sergente stronzo, per loro fortuna, ma dal capitano buono; ma comunque sia da un "superiore", uno con cui non si immaginano scambio, fraternità, confidenza; con il quale è inconcepibile il pensiero di spassarsela insieme, ma solo alle spalle.

Il Marucelli, con un'autorità che Asfalto si accorge di invidiargli, zittisce infine gli sproloqui dei suoi e si rivolge confidenzialmente ad Asfalto, trovando l'ardire di prenderlo sottobraccio.

«Vede, Asfalto – esordisce – ai politici importano solo i voti. Coi voti possono restare al timone, o prendere il posto di chi c'è già. A voi vi hanno già contati... Non spostate nulla, potete dire o strillare...».

Ma quello blatera a vuoto, perché i pensieri di Asfalto vagano altrove; tutta la notte non ha chiuso occhio al pensiero di uno sgombero del palazzo da parte delle forze dell'ordine, con probabilissimo uso delle maniere forti. Sente su di sé la responsabilità di avere coinvolto nell'avventura dell'occupazione persone che quasi accidentalmente si trovavano lì quella sera, ufficialmente mobilitate per un innocente sit-in dimostrativo. In piedi davanti alle finestrone del salone ha atteso per ore che facesse giorno, cambiando spesso postazione per avere una visione sui vari angoli della piazza e delle stradine attigue; temendo da un momento all'altro di scoprire il posizionamento in assetto di guerra di una pattuglia della celere o di un battaglione di carabinieri. Tira un sospiro di sollievo solo quando la prima luce del giorno mette in fuga le ombre e le paure della notte, come in un verso di Shakespeare che ha studiato al liceo.

«... mi dia retta, Asfalto, dovete avere un padrino politico, anche voi, altrimenti...».

Aveva studiato Shakespeare al liceo? Lo turba non afferrare il senso generale di quanto sta accadendo. Ad esempio quella signora, in quel gruppetto, che si sbraccia, con il cappellino da caccia alla volpe, non sarà mica la sua insegnante d'inglese? No, ormai sarà morta. Eppure di certo l'ha già incontrata con lo stesso berretto, ma quando? E dove? D'un tratto un particolare del quadro gli si compone chiaramente davanti: tempo prima era stato contattato dall'associazione che gestiva come volontariato il canile municipale. Gli avevano chiesto un contributo concreto, ad esempio l'assistenza gratuita per le bestiole abbandonate, e lui aveva preso tempo. Poi gli impegni per l'associazione lo avevano completamente assorbito, e aveva rimosso la questione. Maledice adesso la sua negligenza.

«Buongiorno dottore. Si ricorda di noi? Le signore del canile, mi fa piacere che ci abbia riconosciute. Lo sa che lo vogliono chiudere a fine mese? Ha letto gli articoli sui giornali? Ma noi non molliamo. Avete avuto una bellissima idea, qui col palazzo. Abbiamo pensato di portare avanti la nostra battaglia insieme a voi. Ci fate entrare?».

Asfalto, spiazzatissimo, col senso di colpa per il precedente, si prova a glissare accennando alle terribili condizioni igieniche delle toilette, dopo una notte d'occupazione, e non sa se signore di così grande classe... ma come può opporsi? L'idea dell'assemblea aperta è sua...

«Prego, Signore, se insistono... C'è posto!» conclude rassegnato.

Il gruppo degli antitramvisti viene tenuto sulla soglia per una decina di minuti, mentre quello delle cinofile sgattaiola dentro, suscitando le rimostranze degli altri, ai quali è infine accordato l'accesso, a condizione che se ne stiano in un altro salone e portino avanti i loro lavori senza interferire nelle discussioni della Duma.

«Non vogliamo impelagarci in scaramucce di retroguardia con degli automobilofili, ma tracciare le linee portanti di un programma d'avanguardia», tira le somme Fanale.

Fanale

Con Fanale resta difficile andare oltre le apparenze, per indagarne, che so io, i segreti risvolti dell'anima. È già tutto lì, stampato sul viso squadrato e spigoloso, incorniciato da una peluria del volto e del cranio ingrigita e stopposa. Un trasandato, che non si cura dell'immagine? Sì, in un primo momento sembrerebbe tale, ma in realtà siamo davanti a un incallito narcisista che coltiva una propria immagine di inventore pazzo; ti fissa, da dietro spesse lenti di presbite, con occhi sbarrati d'azzurro; t'inquieta perché pare non batta mai le palpebre, e non sai se le pupille che vedi sgranate sono davvero le sue, o, considerato il soggetto, non se le sia disegnate sulle lenti da sé. Ma è persona che non demorde mai, nelle difficoltà raddoppia la grinta, stringe i denti, serra i pugni, compensa col carattere lo svantaggio iniziale di una natura poco generosa; e mi risulta che stia con Larissa, la ragazza dalle belle caviglie.

Il suo soprannome lo deve a uno strano marchingegno, collegato alla dinamo della bici, che gli accende un fanale fissato al caschetto. Quando pedala il faretto si illumina, appena fermo si spegne. Se scende di bici, si guarda bene dallo sfilarsi il caschetto e gira così, spudoratamente, con questo assurdo supporto sul capo, provvisto pure di piccola elica.

Non pago, ha montato due specchietti retrovisori alle stanghette degli occhiali; si vanta così di godere di una panoramica a 360 gradi, che gli permette d'immagazzinare un numero di informazioni visive ma anche sonore e olfattive – sostiene – quali nessun altro essere umano. Da qui, grazie a una facilità di sintesi, «degna di una intelligenza artificiale», la presunzione che il suo pensiero positivista colga quello che sfugge ai più; e la rassegnata constatazione che gli stessi più non arriveranno mai a poterlo apprezzare fino in fondo.

Nei momenti di depressione, che saltuariamente lo sfiorano, ho sentito che si rammarica di essere rimasto qui, nonostante le offerte pervenutegli dall'estero, immenso luogo non meglio definito, per non esser parte di quel disdicevole fenomeno che va sotto il nome di «fuga dei cervelli». Per quello che conosco la Svizzera, uno così l'avrebbero bloccato a Chiasso! Squilibrante.

MdB 3

C.: «M'hai fatto sorridere, prima, quando hai accennato alle B.R.».

L.: «Ora non mi dire che ci sono finita dentro senza accorgermene...».

C.: «No. Tranquilla. Io stessa sono non violenta... non potrei mai».

L.: «Quindi? Che volevi dire?».

C.: «Ma è vero che noi svolgiamo un ruolo speciale, d'avanguardia. Il movimento persegue obiettivi generali, più piste ciclabili, per dirne una, media con le istituzioni, si muove in un certo contesto ufficiale, ad esempio la stessa occupazione del palazzo comunale...».

L.: «...che a me pare una boiata pazzesca...».

C.: «...ma così hai provato a stanare le istituzioni...».

L.: «...sì, gliela tengo calda per quando ritornano...».

C.: «Le madri invece sono un'altra cosa, come Robin Hood, giuste e vendicative, colpiscono l'obiettivo preciso, specifico...».

L.: «Ho capito! Siamo il braccio armato di Nouvelle Velo. Uauu!».

C.: «Vacci piano. Ti sbagli se pensi che Asfalto o gli altri ci vedano di buon occhio. Tutta un'altra scuola, manovrare la massa per fare pressioni sul governo della città...».

L.: «Però siamo almeno il braccio armato del movimento, questo lasciamelo».

C.: «Ti piace un po' troppo quest'espressione braccio armato, mi pare».

L.: «Da bambina fantasticavo di avere una forza straordinaria, di disporre di un pugno di ferro che sbatteva giù palazzi, prima di tutto la scuola, con tutte le maestre dentro, no, solo quelle antipatiche, le buone le salvavo io, portandole in volo...».

C.: «Ce l'avevi il mantello rosso di Superman?».

L.: «Piuttosto le calze lunghe di Pippi, senza nemmeno conoscerla. Per questo credo che sia un sogno comune a tante ragazzine quello di possedere la forza bruta».

C.: «Che invece è prerogativa dei maschi più stronzi... Non so ancora per quanto, ma allo stato attuale è così».

L.: «Ancora oggi, quando la mattina vado in facoltà, in bici, e mi sfrecciano accanto a cinque centimetri, avrei una voglia di tirare un cazzotto su quei cofani, di farci un buco largo un metro...».

C.: «Provaci una volta e ti passa la voglia per tutta la vita».

L.: «Ti pare che non ci abbia già provato? Quando mi fanno incavolare il pensiero viene istintivo: cazzottone vendicatore... Hai presente quando ti suonano il clacson, andandoci giù di brutto? Lo fanno per abitudine, e ignoranza, non lo sanno nemmeno quanta violenza ci sia in quel gesto per chi lo subisce, e quanto assordante sia per chi è fuori da quel loro abitacolo di merda, e procede tranquillo per i fatti suoi. Io mi sento il padiglione auricolare trafitto da quella tromba stonata e machista, sento come una pugnalata nel cervello, poi in tutto il corpo. Una volta mi sono fermata, sono scesa, e mi sono messa davanti alla macchina. C'era una strega frustrata e maligna, che faceva dei versi orrendi con le rughe del collo per ordinarmi di spostarmi, io le ho mollato un cazzotto sul parabrezza che nel fumetto doveva mandarlo in frantumi e piombarle sul mento...».

C.: «Ma tu guarda che pazza m'è toccata per compagna...».

L.: «Un'ora dopo mi sono dovuta presentare al Pronto Soccorso... Ma quanta frustrazione mi dà la fragilità di questa povera carne, a confronto di quelle maledette lamiere!».

Feuerbach

L'uomo è ciò che mangia, non è lo slogan dei bastoncini Findus, ma l'approdo filosofico di un pensatore tedesco di scuola hegeliana. Nel nostro piccolo, la sera uno dell'anno zero del mondo nuovo, ci siamo ingozzati di pallottoline di grano duro, miste a verdure stufate, ceci, uova sode. Il tutto, generosamente speziato, da pescare con l'aiuto di un paio di mestoli, che affondano nei pentoloni e ne riemergono colmi e gocciolosi, per passare di mano in mano, di bocca in bocca. La contiguità cui le operazioni di rifocillamento ci espongono, propiziano il fiorire di un forte sentimento di cameratismo. Gli screzi, inevitabili in certi casi, tra chi aspetta il turno, e chi fa il furbo, vengono fraternamente ricomposti con abbracci e strette di mano. Gli schizzinosi, che poco si giovano dei ramaioli comuni, compensano il digiuno con abbondanti libagioni di "vino del contadino", un rosso così corposo che ti pare di soddisfare l'appetito, più che la sete. Dopo di che, giaciamo, scomposti, coi vestiti addosso, su giacigli arrangiati alla meno peggio, su quei gelidi marmi del salone. Scopriamo sulla nostra pelle, in questo estenuante assedio al quale ci stiamo condannando per il secondo giorno, che l'uomo (e la donna) non è solo ciò che mangia, ma pure ciò che beve e quanto; e nel nostro caso, anche quello che dorme, e come. Tanto è vero che a quelle prove le conventicole nelle quali, per elezione o abitudine, siamo soliti raccoglierci, ne risultano stravolte; i disagi patiti ci riconsegnano alla lotta rimescolati in tre lamentose fazioni, fino allora sconosciute: i mal di pancia, i mal di testa, i mal di schiena. Immuni solo Asfalto, che non ha giaciuto; Arena, che non ha né mangiato né bevuto; il Colonnello, che non vuole essere da meno. Mica normali, questi tre.

Che fare?
A quasi ventiquattr'ore dal nostro assalto la stanchezza cala l'asso, scontiamo un calo di fiducia, del nostro ardimento rimane ben poco. Affiorano dolori, malumori, tic. Che senso ha l'occupazione se non si presenta la controparte? Con chi si patteggia "il tutti a casa" se nessuno s'affaccia a quella porta, se non curiosi in coda all'anagrafe? Un bel dilemma, il primo nodo da sciogliere per il nuovo governo provvisorio, al quale, da un po' di ore, Asfalto si guarda bene di far cenno.

Abbassa lo sguardo, non raccoglie allusioni e battute, sembra pregarci di dimenticare gli eccessi ideologici della sera precedente, certi proclami deliranti che compensa adesso con un comportamento esasperatamente sotto tono, opaco, banalmente realistico, non realizzando che sono il suo utopismo e la sua passione a darci forza, a fare di noi un soggetto politico. Senza la sua concretezza visionaria siamo un'accozzaglia di personaggi singolari, portati a distinguerci l'uno dall'altro, piuttosto che a riconoscerci aspirazioni e disegni comuni. Emergono le necessità della vita quotidiana, molti di noi, bloccati lì dentro, hanno le loro gatte da pelare con il lavoro: appuntamenti con clienti, riunioni col commercialista, turno di notte alla *mother nature's*, e insomma è un fiorire di situazioni eccezionali che esigono di fare un salto fuori, magari «un'ora sola, dopo ritorno».

Ci salvano dallo sfascio l'intransigenza di Arena, e l'esempio dello stesso Asfalto, che, per quanto in ambasce, tiene fede al proposito di non rispondere alle chiamate sul suo cellulare, «faccende di lavoro, non è il momento», commenta a ogni trillo, dopo aver sbirciato il numero sul display.

«Altro che per fame o per stanchezza, questi ci prendono per esaurimento della scheda telefonica!», commenta il buon Klaus.

Anche il contraddittorio in sala non entusiasma, gli interventi si ripetono stancamente, manca un guizzo, una illuminazione.

«Qui si mena il can per l'aia, si mena il can per l'aia...» intona in sottofondo un gruppetto di contestatori, mentre la presidentessa dell'associazione canina monopolizza il microfono per una buona mezz'ora, informando sullo stato di salute di alcuni cuccioli. La paranoia monta. Ogni tanto qualcuno s'affaccia al salone degli oppositori della tramvia e ne ritorna sconsolato: non solo la pensano in modo diversissimo sull'organizzazione dei trasporti in città, quasi da far cadere le braccia ad ascoltarli, ma danno pure prova di una omogeneità di intenti che per il nostro gruppo rimane un miraggio.

La sala rumoreggia, l'ala creativa insorge: basta, facciamo una sortita fuori, un volantinaggio in bicicletta, un comizio volante, qualcosa che informi, graffi, scandalizzi, ma insomma smuova i cittadini più indifferenti che mai. Poetico Manubrio: l'occupazione non è fatta per noi, a me pare d'essermi chiuso in un cesso, il ciclista è nato uccel di bosco, deve sentire l'aria fresca sul collo. Inquietante Alvaro: stiamo attenti, la clausura semina nevrosi tra i più pazzarielli; guardate Jumbo, che si spenzola da quel finestrone. Quanto potrà restare in astinenza? E Sergino, che schiaccia zanzare sugli affreschi? Che vogliamo fare, ringraziarlo per l'oscuro compito, o denunciarlo alla Soprintendenza?

È Maddalena a raccogliere e dare voce a tante diverse pulsioni: «Una sortita s'impone, senza che per questo si debbano inventare mamme all'ospedale o bambini abbandonati per strada; fare due passi e bere un caffè come si deve non sono ragioni più che sufficienti?».

Standing ovation. E prosegue: «Quando chiedo un'ora libera per le necessità personali, e poi si torna qui, parlo anche contro il mio interesse. Questa è la serata che avrei Felix a dormire a casa mia, ma ho già telefonato al mio ex che devo rinunciare, e state certi che non mi fa piacere, e nemmeno a Felix. Ma siamo in ballo, non possiamo mollare!».

Bisbiglio all'orecchio di Fulmine che non sapevo che Maddalena avesse un bambino, e lui mi precisa con tono grave che non ne ha, quel Felix è un pastore tedesco conteso tra i due separati. Lo ringrazio dell'informazione, sforzandomi di non sorridere. Nondimeno Formaggino taccia di cedimento chiunque osi intaccare con proposte personalistiche la sacra compattezza militante dell'assemblea, ma si ritrova sommerso da un coro di urla fischi e improperi desueti («stalinista», «stakanovista») dando il via a chi gliene dice di più buffe e assurde, purché comincino con "sta-" («stalattite», gridato dalla sua ex ci fa recuperare il buonumore); arrivano a urlargli, gravissima accusa per un ciclista fondamentalista, «stationwagonista!». Ma lui pretende che si passi ai voti, e all'unanimità meno uno viene riconosciuto il diritto di ciascuno di assentarsi per la bellezza di due ore dall'assemblea. Riflusso? Trionfo del personale sul politico? Parole grosse. Datate. Noi siamo un movimento giovane, con dinamiche inedite.

Formaggino

Figlio unico di pizzicagnolo vedovo, le colpe del padre gli ricadono addosso. La bottega, ubicata davanti alle scuole medie frequentate dal ragazzo e da altri futuri Nouvelle Velo a cui si devono queste informazioni, faceva buoni affari con i panini per la ricreazione che gli scolari si accalcavano ad acquistare, tutte le mattine, prima della campanella. Con l'aggravarsi dell'inflazione dei primi anni Ottanta, i ragazzini, con i soldini contati, cominciarono ad accumulare giorno dopo giorno dei piccoli debiti, venti, trenta lire, che il bottegaio riportava scrupolosamente su un quadernino a quadretti, infilato sotto la bilancia. Alla fine della quindicina, a Formaggino toccava l'incombenza del recupero crediti presso i compagni, ricevendone, come si doveva prevedere, isolamento, ostruzionismo, velate minacce, e, un paio di volte, botte nel cortile. D'animo pacioso, un filino codardo, si ribellò al padre, che l'avrebbe iscritto volentieri, perché si facesse le ossa, ai corsi di pugilato della «Primo Carnera», e si rifugiò nello studio dei miti greci prima e delle dottrine politiche del Novecento dopo. Critico delle grandi democrazie, arroccato in una misantropia effetto delle sue vicissitudini scolastiche, si avvicinò intellettualmente a esperimenti totalitari di matrice marxista, fino ad approdare al folle progetto PolPottiano di deurbanizzazione forzata della società cambogiana. Conseguente, costrinse il genitore, ormai anziano, a vendere la casa dove aveva sempre vissuto e a ritirarsi in campagna. Lui non lo seguì, preferendo esercitare in città la sua caparbia opera di proselitismo; che tuttavia non gli guadagnò mai un affiliato, e nemmeno un amico, ma una ragazza sì, che poi, al ritorno da una scampagnata, lo mollò per un urbanista. Oggi Formaggino insegna latino alle medie, le stesse frequentate tanti anni prima, più che mai pullulanti di ragazzine irriverenti e bulli facinorosi. Il suo impegno ne ricava, come allora, isolamento e ostruzionismo. E botte nel cortile. Spam.

Asf. Inn. 3
(Stesso ambulatorio. Giovedì 5 dicembre)

«E bravo Astor! Hai recuperato quasi 300 grammi dall'ultima pesa. Quante settimane sono passate?».

«Due. Mi aveva chiesto di tornare dopo quattordici giorni. M'ero stupita. I suoi colleghi normalmente danno appuntamenti ogni quattro settimane…».

«…ma si vede che avevo voglia di rivedervi prima, perché no? Stregato da Astor!».

«In effetti ha ripreso a mangiare. Ma non ha smesso di fare pipì dappertutto. Un'amica dice che ci sarebbero delle goccioline…».

«Secondo me è turbato dalla stagione. Fa caldo a dicembre, non piove…, molti animali danno segnali di difficoltà. Azzardo un'interpretazione psicologica, Giada: a lui pare ancora estate, e non capisce perché gli tocca di stare nella casa di città invece che in quella di campagna, dove l'aspetta l'amichetta. I patti non erano questi! Ha ripreso a mangiare perché allo stomaco non si comanda, ma la protesta va avanti con azioni dimostrative».

«Sarà… Certo che le bestie devono essere proprio sconvolte da quest'inverno. Poverini, mica leggono i giornali. Noi sappiamo dell'effetto serra, cerchiamo di razionalizzare… Ugualmente siamo messi maluccio, eh? Che ne pensa, dottore?».

«Leggevo che la produzione di biocarburanti, ovvero la nuova fonte energetica a cui si vorrebbe attingere per evitare l'impatto ambientale causato dagli idrocarburi, porterà alla distruzione delle ultime foreste tropicali, in Brasile e Indonesia…».

«Cioè, la medicina darebbe il colpo di grazia?».

«Esatto. Di risparmiare semplicemente energia proprio non gli passa per la mente. Bisogna capirli: il business lo vedono solo nel consumo. Cosa gli porta a loro un giro di pedale? Molto meglio girare la chiavetta d'accensione di un motore. E aprire due finestre per fare corrente d'aria? Ma vogliamo scherzare? Cosa siamo, trogloditi? Attacchiamo un bel condizionatore. Sono, siamo, tutti impazziti!».

«Gliene racconto una. Sa questi concorsi che si vincono premi se estraggono la cartolina che hai compilato alla stazione di servizio?».

«Mai vinto niente».

«Io sì. Un lettore cd con radio e cassette, di marca, un bell'oggetto, ma con un piccolo difetto: manca un tasto per spegnerlo. Non ci volevo credere, ma è proprio così. Ti dice *good-bye* ma resta fisso in *stand-by*. Per spegnerlo mi tocca sdraiarmi sotto il divano e tastare alla cieca il fondo d'una parete alla ricerca della spina».

«Già! E chi lo fa, poi? Pensa tu quanti elettrodomestici, impianti, trasformatori, caricabatterie e roba del genere consumano energia ventiquattr'ore al giorno, anche se non sono direttamente in funzione. Una quota insignificante di consumo, una spesa irrilevante, ti dicono, ma moltiplicala per due miliardi di fruitori dei paesi sviluppati o aspiranti tali...».

«Risultato?».

«Non ci resta che la bici. Se uno si vuole muovere senza sensi di colpa. Nei confronti dell'umanità, o del pianeta. Io sono di quelli che triplicherebbero il prezzo della benzina, così qualcuno aprirebbe gli occhi su quello che stiamo facendo. Il petrolio ha impiegato centinaia di milioni di anni per depositarsi sotto il suolo terrestre; è una ricchezza straordinaria, ma noi ne consumiamo, credo di ricordare, cento milioni di barili al giorno. Questo vuol dire che saremo riusciti a depredare il pianeta terra, qualcosa che ci riguarda da vicino, visto che siamo terrestri, di tanto patrimonio nel giro di due secoli».

«Spaventoso. Davvero. Ma che possiamo fare noi, per invertire la tendenza?».

«Trasferire questa coscienza nelle piccole cose di tutti i giorni. E non tenersela per sé stessi, ma comunicare ed esigere la possibilità di un altro stile di vita a chi ci sta intorno».

«Trasferimento assai complicato. Ho paura che resti un buon proposito, e basta».

«Non è detto. Posso andare sul personale?».

«Ci va comunque».

«Esatto. Mettiamo che qualche corteggiatore La inviti a un giro in campagna, domenica prossima. Lei pretenda un'uscita a consumo energetico zero. Quindi a piedi. O in bicicletta. Al massimo con mezzi pubblici. Senza che il dongiovanni si senta tenuto, se vuol fare colpo, al rituale che conosciamo: tirar fuori il macchinone dal garage, passare dall'autolavaggio per una strofinata elettrica di cinquecento litri d'acqua schiumosa sulla carrozzeria, e presentarsi infine rombando all'appuntamento. Che ci vuole?».

«Ho capito. Nell'ipotesi, che considero remota, di un invito del genere, so come comportarmi».

«L'invito c'è già, Giada».

«Ah! A questo non c'ero arrivata, invece».

«Opzione bici. Almeno si esce di città».

«Ma non corre un po' troppo?».

«Ma che! Vengo con la bici da passeggio, mica con quella da corsa».

«Ah, ecco!».

«Intendo muovermi alla tua velocità, Giada. Promesso».

«E Astor?».

«Lo portiamo con noi, lo carichiamo sul portapacchi speciale quello "modello svedese ma non pensi all'Ikea". Quanti animali possono permettersi una giratina in bicicletta con la scorta del veterinario di famiglia? Una minoranza privilegiata».

«In effetti non potrebbe essere più tutelato!».

Notte n. 2
(tra martedì e mercoledì)

La seconda notte a Palazzo Antico trascorre in un andirivieni di occupanti, pizze, bevande calde, medicinali, visitatori occasionali, parenti, fidanzate risentite e curiosi; un'atmosfera certo assai meno militante della notte precedente, con una improbabile contaminazione tra ciclisti, cinofile e oppositori alla tramvia, che comunque si riducono nel cuore della notte a poche unità; tra questi il professor Spinotti, eccitatissimo dalla botta di vita capitatagli a settant'anni. Viene consegnato ai ragazzi che vigilano all'ingresso uno sbilenco striscione di *mother nature's*, che per bocca del suo amministratore delegato si accollava il conto del ristorante, e "sponsorizzava" con piacere la simpatica iniziativa.

Trench e altri ciclisti sono dipendenti della *mother nature's*, una compagnia privata che nel giro di pochi anni ha registrato un forte sviluppo. Grazie a un sistema brevettato di conservazione dell'energia, *mother nature's* è diventata fornitrice di molte strutture pubbliche e private operanti in settori strategici e di pubblica utilità, come ospedali e centri commerciali. L'idea è semplice, e risolve uno dei dilemmi chiave di questi anni, la creazione di stock energetici alternativi senza il ricorso a lavorazioni che richiedano pesanti investimenti o, paradossalmente, un consumo di energia pari a quella che si ottiene al termine della lavorazione. L'energia viene prodotta pedalando su una sorta di bicicletta da camera, quindi immagazzinata in un contenitore delle dimensioni di una scatola di scarpe, conservata e poi sprigionata al momento del bisogno. Nonostante la mano d'opera ovvero le maestranze che ci mettono le gambe siano pagate una miseria, e per quanto la Compagnia riceva forti sovvenzioni dallo Stato, il costo del chilowattore non è ancora competitivo con i normali prezzi di mercato, ma molte aziende vi ricorrono per disporre di una riserva di energia nei casi, sempre più frequenti, fino a 2 o 3 episodi per settimana, di blocco della fornitura, cioè, per dirla all'americana, di black out. E sempre più numerose sono le abitazioni private o i piccoli condomini che vogliono stoccare ventiquattr'ore d'energia in cantina, fra i ceppi della legna da ardere e le taniche di kerosene, essendo proprio questa produzione (e conservazione) "in loco". l'attrazione principale del prodotto. A differenza di altri tradizionali impieghi a forte componente ciclistica considerati poco qualificanti (portalettere, panettiere addetto alle consegne), per un certo periodo prestare servizio alla *mother nature's* è stato motivo d'orgoglio per molti miei amici; poi, un'analisi più attenta delle condizioni di lavoro, la forte incidenza di malattie professionali al sistema riproduttivo e a quello escretorio, la lentezza con cui si indugia a inserire quella del pedalatoraio tra le professioni usuranti, hanno fatto sì che molti cominciassero a guardare con occhi critici a questa Compagnia, in origine vezzeggiata nel nostro ambiente, così come nell'ambiente scientifico e ambientalista in genere.

Alle tre, succede un imprevisto: un gruppetto di ragazzi di piazza Martella si presenta al portone, trascinando con sé un recalcitrante e furibondo individuo che cerca di divincolarsi dalla stretta. La gazzarra lì davanti sta allertando carabinieri e poliziotti fino a quel punto belli tranquilli nelle loro auto, e si decide di fare entrare tutto il gruppetto. «L'abbiamo pescato mentre rubava le bici, ne aveva già caricate quattro su un'Ape!». Mezzo assonnati, i ciclisti si alzano per vedere che faccia ha il catturato e chiedere particolari ai ragazzi, che avevano notato altre volte strani movimenti di costui e ricollegato certe sue comparse a sparizioni notturne di biciclette dalla rete del campetto di pallacanestro, dove molti erano soliti appoggiarle.

«Ve lo consegniamo! Decidete voi cosa farne!».

Asfalto s'inalbera: «Se siete sicuri di quello che dite portatelo dai carabinieri, noi che c'entriamo?».

«C'entriamo eccome – interviene il Colonnello – sapete quante biciclette mi hanno rubato nell'ultimo anno? Sei! Sì, avete capito bene. Vogliamo fare il conto di che giro d'affari c'è dietro a questo farabutto? A te, Asfalto, l'hanno mai rubata una bicicletta? Mi pare di no, altrimenti non parleresti così».

«Interroghiamolo!» suggerisce Formaggino.

«Dove le porti? Le rivendi tu o le dai a qualcuno? Fuori il nome del ricettatore!».

«Ma siete tutti impazziti?!?» s'intromette Trench, che è anche obiettore di coscienza. «Prima di tutto levategli le mani di dosso. Cosa sono questi segni sul viso? Chi è stato?».

E così dicendo lo allontana dal capannello, prendendolo sotto braccio. Lo mette seduto, e chiede di portare un bicchiere d'acqua. Che quello beve. Lasciandosi poi andare a una totale confessione bagnata di lacrime di coccodrillo. Vuota il sacco e ammette le colpe, ma non è possibile strappargli il nome del ricettatore: mette degli annunci sul giornale e aspetta che qualcuno lo chiami, dice. Poco probabile. Le rivende a poche decine di euro, comunque, «senza approfittarmene». In un certo senso fa un piacere ai nuovi acquirenti, «ciclisti come voi», che si portano a casa una bici discreta, perché il prodotto è selezionato, a un prezzo di favore. Insomma, un giro di soldi che fa bene all'economia, gli permette di mantenere la numerosa famiglia, la mamma in casa di cura, i figli a scuola, eccetera. Molti ciclisti, che, proprio in quanto tali, hanno per definizione un cuore d'oro e populista, sono mossi a pietà, e l'idea di consegnarlo alle autorità viene accantonata, con buona pace dei più vendicativi. Patrizio, poeta e ciclista, dell'ala creativa del movimen-

to, gli compone e legge una poesia, che recita più o meno
così:

> Oh, Ladro di bici,
> Possa la bici, che tu hai involato,
> lasciarti in mezzo al guado,
> zuppo e appiedato.
> Possa tu soffrire di bucature quotidiane,
> e non avere mai la borsetta degli arnesi tra le mane.
> Infine possa tu trovare il rosso quando hai fretta,
> una macchina da dietro schiantarsi sulla bicicletta
> costringere il tuo corpo a un imprevisto volo,
> che si concluda nell'acqua marcia di un fossetto di scolo.
> Amen.

Il ladro, pentito e redento, abbraccia il poeta, ringraziandolo perché alla fine del volo – pindarico – gli ha risparmiato di rompersi l'osso del collo. Qualche livido è d'accordo anche lui, che se lo merita. Trench lo invita a restare con loro per la notte, ma lui, gentilmente, declina l'invito. Se i suoi cari si fossero svegliati e non l'avessero trovato nel letto, eccetera eccetera. Deve proprio andare. Ma non avrebbe mai più, «dico mai», rubato una bicicletta al suo legittimo proprietario, perché avrebbe potuto essere uno di loro, e non se lo sarebbe perdonato, dopo l'accoglienza e la comprensione ricevute. «Piuttosto rubo un'automobile, che inquina!» aggiunge infine, dando a vedere che era bravo a fiutare l'aria che tira in questa gabbia di matti.

MdB 4

L.: «Allora, sorella, chi rapiamo?!?».

C.: «Perché, vuoi rapare qualcuno?».

L.: «Ma che rapare! Rapire, rapire! Chi potrebbe essere il nostro Aldo Moro?».

C.: «Ma fammi il favore!».

L.: «Cristo se sei musona, sorella sovversiva. È un gioco!».

C.: «Allora giochiamo. Ti basta l'attuale capo del governo, già capo dell'opposizione, e destinato a tornarvi?».

L.: «No, pietà! Quando lo sento mi s'addormentano i piedi».

C.: «E poi va pure in bicicletta, povero Cristo. Il capo dell'opposizione? Già capo del governo, e anche lui destinato a tornarvi finché morte non ci separi?».

L.: «Quello poi mi draga la bile. Alla larga!».

C.: «Il capo della Confindustria, allora? Già alla guida di Ferrari, Fiat…».

L.: «Un bel curriculum. Ma c'è quell'altro, più antipatico…».

C.: «Quello coi capelli bianchi? Che stava con quella nera?!?».

L.: «Lui! Un mese senza panfilo, a pane e acqua!».

C.: «E cyclette!

L.: «12 ore al giorno! E chi se ne frega della convenzione di Ginevra! Così quando lo liberiamo può sfoggiare un fisico da urlo, e tornare a fare il mandrillo».

C.: «Allora è definitivo. Alla prossima riunione glielo dici tu alla Madre Superiora, vedrai come la prende bene!».

L.: «Come no. Da oggi ho una ragione di più per stare in questa banda di pazze incappucciate».

C.: «Sì, ma la più matta sei tu!».

Tenebre

Sono tra i primi a svegliarmi la mattina seguente, destata dal trillo del telefonino. È un mio ex, che vive in collina.

«Cristina, sei per caso tra gli occupanti di Palazzo Antico? Me lo immaginavo. Senti, ho qualcosa d'importante da comunicarvi. Ti ricordi la finestra di camera mia, vero? Si vede tutta la valle – sì che me la ricordo quella vista; gli piaceva a quel lestofante appoggiarmi al davanzale, e farlo così, godendosi il "doppio panorama", come lo chiamava – e hai presente anche quella nuvoletta di smog che staziona fissa sopra la piana, in direzione dell'autostrada?».

«Quella sopra l'inceneritore, vuoi dire?».

«Esatto. Qualche mattina è più o meno densa, ma insomma in tutti questi anni io l'ho sempre vista ferma nello stesso posto...».

«E oggi no?!? Non c'è più?».

«Al contrario, oggi si sta allargando, Cristina. Non ci crederai, ma ha dimensioni doppie di ieri. E si sta allungando verso la città, secondo me la periferia nord è già sommersa, e se continua arriva fino al centro».

«E come te lo spieghi? Sarà cambiato il vento, o cosa?».

«Non può essere quello. Si allarga in tutte le direzioni, capisci? Ed è scurissima. Non si vede oltre... Le colline, dietro, non si vedono più».

«Non sarà un incendio...?».

«No, io gli incendi li riconosco...».

«Era il tuo lavoro».

Maurizio a un certo punto aveva ottenuto il brevetto di

pilota e collaborato con la Protezione Civile per l'avvistamento di incendi nei boschi, passando ore e ore in volo. Poi s'era stufato e con un cambiamento di rotta a 360° aveva aperto un'agenzia immobiliare, e il primo affare era stata proprio quella porzione di colonica in collina, che alla fine s'era tenuta per sé.

«Quello non è fumo d'incendio, stai sicura. Anche il colore è tutto un altro».

«Va bene, Mau. Grazie dell'informazione. Provo a salire al piano di sopra, se si vede qualcosa».

«Sì, vai sul campanile. Mi piacerebbe salirci con te! Ci dev'essere un panorama…».

«Ho già capito…».

«Il lupo perde il pelo…».

«Se ti piacciono i panorami dovevi continuare a fare il pilota!».

Resto molto sorpresa dalla telefonata di Maurizio, non ci sentiamo da un paio d'anni, e parlarci mi crea sempre un po' di uggia, forse il rimorso per una decisione presa troppo in fretta, già anni prima, di chiudere la storia, il sospetto sotto pelle di avere sbagliato qualcosa…

«Pare che ci sia un nuvolone sospeso sulla città, verso nord», informo Fulmine, che mi dorme accanto.

«C'è fisso!» mi risponde, aprendo l'occhio sinistro, mentre un rigonfiamento della palpebra gli lascia appena dischiudere una fessurina dell'altro, accentuandone l'aspetto spongiforme.

Mi allarmo, gli chiedo che cosa gli sia successo, e mi dice che è stato tormentato per tutta la notte da uno storm di assatanate zanzare. Mi sorprendo che per una volta mi abbiano risparmiato. Gli spiego che il nuvolone di oggi non è fisso, ma s'allarga. Dalle colline si vede benissimo. S'avvicina Larissa, che Formaggino dall'alto della sua erudizione chiama la «callipigia», senza che io abbia mai afferrato cosa intende, finché una volta, incuriosita, non sono andata a cercare sul dizionario. La informo della telefonata che ho ricevuto. Tutti siamo così abituati alla nuvoletta dell'autostrada che ormai la consideriamo parte del paesaggio, da un lato le prime pendici delle colline, dall'altro, verso il fiume, il metallo ondulato dei tanti capannoni industriali. In mezzo la nube, quasi rassicurante nella sua immobilità. Basta non abitarci sotto... Non siamo neanche troppo preoccupati, comunque l'idea di salire al piano di sopra o meglio ancora sugli spalti del palazzo non è male, basta trovare chi ha le chiavi dei corridoi che s'aprono sugli scaloni, e mentre ci stiamo organizzando per l'escursione la luce del sole che filtra forte e calda dai mosaici dei finestroni d'improvviso si smorza, lasciandoci un brivido addosso. Non è il cambiamento di temperatura, almeno non solo quello. Ma la consapevolezza che sta avvenendo quanto paventato, la nuvoletta è scesa sulla città.

La notizia viene confermata da un comunicato della Protezione Civile, ripreso dai bollettini regionali. Mancano dati certi sull'immondo miscuglio volante e quindi interpretazioni plausibili della sua genesi e metamorfosi, ma in tanti si sbizzarriscono, addetti al lavoro o meno. L'Assessorato alla salute dirama accorate raccomandazioni di non uscire dai luoghi chiusi, specie le fasce più a rischio, e quello all'ambiente consiglia di evitare l'uso dei mezzi privati.

Inaspettatamente, poco dopo le 11, fa capolino in ufficio, entrando da una porticina di servizio, l'assessore alla mobilità. Pescato dagli scagnozzi di Arena, e portato in assemblea, dà conto delle informazioni che ha sul fenomeno nuvoletta (meno di poco), tranquillizza comunque perché i tecnici sono impegnati alla definizione dell'evento, confida di comunicare il cessato allarme nel giro di un paio d'ore. Si unisce infine ai colleghi nel raccomandare di stare in casa e limitare l'uso dell'auto.

«Ma cosa ci vuole per proibire il traffico per una mezza giornata, un maremoto?» lo aggredisce il perfido Fanale.

«Ci vuole un mezzo di trasporto pubblico alternativo e affidabile – e poi, con una strizzatina d'occhio, bisbiglia, badando di non avere d'intorno quelli dell'altro comitato – per questo la Giunta insiste tanto sull'adozione della tramvia!».

«Assessore, la tramvia non ce l'ha ancora e forse non ce l'avrà mai – lo prende di petto Asfalto – in compenso ha più di duemila biciclette requisite, ferme a un parcheggio alla fine del mondo, che nessun ciclista si presenterà mai a ritirare, primo perché arrivare laggiù è un'impresa, secondo perché gli fate pagare la rimozione più una multa salatissima e a quel punto tanto vale comprarsi la bici nuova. Dia l'ordine di mettere tutte quelle bici a disposizione della cittadinanza, da oggi, da subito. Oppure noi ce le andiamo a prendere, con le buone o con le cattive. E il regalo ai cittadini lo facciamo a nome nostro. Veda cosa le conviene!».

Complimenti e incitamenti si levano all'indirizzo di Asfalto, ritornato quello che lancia il cuore oltre l'ostacolo, dopo una giornata in cui era apparso incupito e indeciso. L'assessore chiede tempo, una decisione del genere non può prenderla da solo, si tratta di gestione del patrimonio, come avrebbe potuto, è un altro Assessorato. Asfalto sa di aver colto nel segno, lo capisce dalla reazione dei suoi: hanno ragione gli insofferenti, non ha senso restare a presidiare un palazzo vuoto senza gestire nessun potere, senza essere ascoltati e senza lasciare un segno.

«Muoviamoci, forza! Due o tre di noi restano qui – propone – gli altri al Campo bruciato».

«A piedi?».

«Per forza! Telefoniamo a tutti quelli che conosciamo, oggi si vanno a riprendere le biciclette».

«Prepariamo un comunicato stampa».

«In corteo, e cercate di coinvolgere più possibile gente. Che vengano in tanti, qualcuno vada a dare la notizia all'università!».

Grande affaccendarsi: mi ricordavo la scena di un film sui pellerossa, che saputo dell'avvistamento di mandrie di bisonti, raccoglievano quattro cenci e levavano le tende, con fiducia e fervore.

Un volantino scritto a mano, a caratteri cubitali, e fotocopiato in qualche migliaio di copie, viene diviso in mazzette perché ognuno lo distribuisca lungo il percorso, una marcia di vari chilometri. Inutile seguire tutti lo stesso itinerario, considera qualcuno; dividiamoci in tre o quattro gruppi, tanto alla fine ci ritroveremo per forza al Campo Bruciato. Siamo un po' pochi per fare quattro gruppi, obietto io; dobbiamo mostrare una certa forza, dopo tutto stiamo per commettere qualcosa che troppo legale non è, se vedono quattro gatti destinati al fallimento non ci segue nessuno.

Ci muoviamo. Il corteo prende la strada del lungo fiume, mentre qualcuno si precipita all'università a fare opera di proselitismo, e un gruppetto più piccolo s'incammina nella stessa direzione ma transitando dalla sponda opposta. Arena informa sottovoce Asfalto che lui si sarebbe avvantaggiato con la moto, per rendersi conto meglio della situazione, e s'avvia da solo. Larissa la callipigia, dalle belle caviglie e dai lunghi capelli castani (da qualsiasi parte la scruto le invidio qualcosa) gli chiede se può andare con lui. D'accordo, le risponde. Fanale ci resta male. Forse voleva andarci lui con Arena, o che ne so io. Lungo la strada blocchiamo altri ciclisti informandoli dell'azione, convinciamo qualcuno ad aggregarsi e chiediamo a tutti di contattare i conoscenti. Vengono anche fermate le auto e i mezzi pubblici, per una veloce azione di contro informazione, ricordando ai primi come in quella giornata sia stato raccomandato di non usare l'auto privata.

«Ma che sta succedendo?» chiedono in tanti, facendo timidamente cenno a questo nuvolone che si stende sulla città, sebbene molti non si siano ancora accorti di niente, e attribuiscano il grigiore della giornata a un cambiamento atmosferico.

«Eppure stamattina presto c'era il sole», aggiungono perplessi.

In giro per la città si odono dalla mattina le sirene dei mezzi di soccorso, e si direbbe che non si tratta di una singola ambulanza, piuttosto di una carovana, come quando d'estate divampano degli incendi in collina e un'intera colonna di vigili del fuoco si dirige ululante in una direzione con manovre nervose e stridenti. Gli automobilisti sembrano non capire chi siano queste persone non giovanissime che procedono sui marciapiedi e in mezzo alla strada in senso contrario alla marcia, distribuendo volantini; il primo pensiero è che siano operai di una fabbrica minacciata di chiusura, ma mancano alcuni simboli tipici di questo genere di manifestazioni, ad esempio le bandiere del sindacato; ancora più strano poi che, discorrendo o dando un'occhiata al volantino, questi si presentino come «ciclisti allarmati e inviperiti», dato che un segno dei ciclisti dovrebbe essere la bicicletta, ma questi sono a piedi, e raccomandano di preferire la bici, per la salute di tutti, nello stesso tempo però ribadendo che è troppo pericoloso muoversi su due ruote.

«Mah! Allora io seguito ad andare in macchina!» concludono in tanti.

Campo bruciato

Arrivati a poche centinaia di metri in linea d'aria, tanto che la si scorge benissimo, tra i capannoni e gli svincoli delle superstrade che le passano rasenti, si pone il problema del raggiungimento dell'area auto e bici rimosse. Avevo già sentito da Walter del problema dell'inaccessibilità a piedi del parcheggio; situazione totalmente assurda, non era difficile prevedere che le vittime della rimozione fossero degli appiedati, i quali, nello squallore di quella periferia devastata, si sarebbero aggirati senza pace, fuorviati da pochi enigmatici cartelli spuntati, che forse indirizzano le automobili nella direzione giusta, ma consegnano i pedoni a percorsi di guerra in corsie d'emergenza o aree spartitraffico di sconquassate superstrade, violentate da camion puzzo-lenti, turbo-lenti, tutt'altro che lenti. Al gruppo si sono aggiunte per strada alcune decine di persone, dietro si scorgono gruppi che arrancano, probabilmente formatisi all'università, e insomma tra le cento e le duecento persone si muovono sconvolte agognando un viottolo, un sottopasso, una stradina tra i campi, che li conduca alla meta. Ma non c'è. La possibilità di raggiungere a piedi l'area del parcheggio non è contemplata. Per quanto rischioso, folle, suicida, l'attraversamento della superstrada sembra davvero l'unica delle operazioni possibili.

«Blocchiamo il traffico!» suggerisce Arena, scavalcando il guard-rail con un salto, come in certe pubblicità di un olio d'oliva, ma quelli che lo seguono sono meno atletici di lui, e superano l'ostacolo alzando faticosamente prima una gamba e poi l'altra, qualcuno riuscendo pure a sbatterci una ginocchiata contro. Quel primo basso, ridicolo sbarramento basta già a lasciare uno spazio tra Arena e noi dietro, la cui goffaggine è esasperata dalla paura.

Piantato in mezzo alla corsia Nord, Arena alza le braccia verso una utilitaria che sopraggiunge a velocità contenuta, e avrebbe tutto il tempo di rallentare e fermarsi, ma il conducente tentenna parecchio tra il frenare di scatto e il ripartire di schianto, finendo alla fine per tirare di lungo, evitando più per buona sorte che altro d'investire il ragazzo coi jeans. Il camionista che segue è almeno più determinato e procede senza troppi scrupoli: è dalla parte della ragione, e pure in ritardo. Poi è la volta di una ragazza su Smart, la quale, scorto quel matto, con molta prudenza, inserite le luci di emergenza e date un paio di frenate d'avvertimento a chi la segue, rallenta e si ferma a pochi metri da Arena. Manovra coi fiocchi, *chapeau*! Le auto dietro fanno lo stesso, non tutte con la stessa delicatezza, qualcuna con uno stridore di freni raccapricciante, e subito si forma un fitto incolonnamento. Arena fa un inchino alla ragazza, che ne pare lusingata; poi ghigna verso di noi se ci sbrighiamo perché di sicuro da qualche parte ci scappa il tamponamento e non ha voglia di pagare danni per il resto della vita. Lo seguiamo, cercando scampo nella ristretta area dello spartitraffico, affollandolo per decine di metri. Almeno siamo a metà del guado, una moltitudine del genere s'avvista da lontano, e dopo le prime auto sfrecciate a pochi centimetri, altre s'avvedono della strana ammucchiata e si fermano in relativo ordine.

«È per la terza corsia?» strilla uno, dal finestrino.

«Fate bene! Protesterei anch'io, non avessi furia!».

«Che voleva quello?» mi chiede Manubrio.

«Ci ha preso per altri. Sai, quel comitato contro la costruzione della terza corsia dell'autostrada…».

«Ti sbagli» sorride Asfalto. «Hai visto che macchina? Quello mi sa che è del comitato opposto, quello che protesta perché ancora non gliel'hanno costruita, la terza corsia!».

«Ma quanti comitati ci sono in questa città?».

«Facile. Uno a favore, uno contrario e uno possibilista. Per ogni questione all'ordine del giorno. Fai il conto tu! L'apoteosi dell'associazionismo nella capitale dell'individualismo. Chi ci capisce, è bravo!».

Nell'orrido campo violentato da cantieri abbandonati e resti di falò di copertoni alimentati nottetempo da capannelli di prostitute africane infreddolite, lì sorge il vasto parcheggio comunale. Dalla rete metallica che circonda il campo, sommariamente coperta di teloni verdognoli, si scorgono delle persone nei pressi di un fabbricato basso, gli uffici, dice chi c'è già capitato.

«Mi sarei aspettato un paio d'auto dei vigili» commenta Alvaro. «Lo sapevano che venivamo qua…».

A dire la verità ce l'aspettavamo tutti, e s'avvertiva, strada facendo, una certa preoccupazione per i temibili strascichi giudiziari della vicenda.

«Il cancello l'hanno chiuso ora, giusto qualche minuto fa», avverte Arena, giunto prima di noi.

Allora gli impiegati sono stati avvertiti, deduciamo. Una volta che il gruppo si è radunato per intero, Arena, al quale tutti guardano per riceverne coraggio e determinazione, fa per issarsi e scavalcare il cancello, serrato da dentro con una sbarra di ferro. Ma uno, che conosciamo come amico di Klaus, uno svizzero, lo ferma, posandogli la mano sulla spalla.

«Qui nessuno sa come mi chiamo…», gli dice. «Vado io!», e con un bello slancio si aggrappa a una sporgenza del cancello e si tira su, salutato da un applauso generale e seguito da un sorriso riconoscente di Arena. Dopo un minuto, strisciando sul ghiaino, il portone di ferro si apre dall'interno e siamo dentro. Da una parte diverse file di automobili, in tutto un centinaio che attendono che il proprietario riesca a trovare tempo, modo e strada di rientrarne in possesso. Molte con targa straniera: probabilmente i proprietari nemmeno sono al corrente che l'auto è stata rimorchiata via in osservanza di regole della sosta mal segnalate, e stanno contattando le loro assicurazioni, certi che la scomparsa dell'auto sia opera di banditi, italiani mafiosi. Dall'altra parte, invece, una sconfinata distesa di biciclette, per una superficie di centinaia di metri quadrati. Non crediamo ai nostri occhi: saranno mille, forse di più, accatastate là in fondo. Alcuni si muovono come davanti a un tesoro recuperato, altri come al cospetto di uno scempio naturalistico, altri ancora come di fronte a un esempio della barbarie cui può giungere il genere umano. Si potrebbe, con una spolveratina a ferraglia e ambiente, aprire un museo della produzione ciclistica dagli anni Cinquanta in poi. Vecchie Legnano con i freni a bacchetta, rosse Bottecchia da donna con doppia canna, Atala modello sport con il manubrio a semicerchio anni Settanta, Bianchi celestine recuperate da modelli da corsa e trasformate in veloci velocipedi urbani, e poi un'enormità di city e mountain bike, molte delle quali di basso valore e altre già più sofisticate. E ancora un'infinità di modelli familiari o per la spesa, con abbondanza di seggiolini per bambini e cestini portatutto, ignobilmente sottratti da una folle polizia municipale davanti a scuole e supermercati. Passeggiando tra quelle file il sentimento prevalente è quello della rabbia verso una politica dei trasporti così sorda, cieca, ottusa, mascalzona. Quante mamme e bambini, quante lavoratrici e lavoratori, quante persone per bene colpite nella loro proprietà, e nei loro affetti, perché a una bicicletta si finisce per voler bene! Tutto avranno pensato di questo sporco mondo di ladri e farabutti, ma non che le loro due ruote siano ammucchiate qui, una sopra l'altra, come vittime di un lager, tirate su a calci nei raggi se il vento le sbatte per terra!

Manubrio

Sebbene si vanti d'averne possedute a centinaia, tante, tantissime, nere, le sue preferite, ma anche bianche, rosse, gialle, tinte d'ogni colore, alla prima uscita oppure già navigate, donate dal cielo o pagate in contanti o rapite di soppiatto come Paride con la bella Elena, nazionali (del genere Campagnolo, per volare più alti) o straniere (certe olandesine, che ti rimettevano i piedi per terra), nonostante insomma la vita in quel senso gli sia stata generosa, Manubrio rimane profondamente scosso alla vista di tanto ben di Dio sparso su quel campo; ne potrebbe godere anche subito, cavalcarne una dopo l'altra fino alla estenuazione, se la stessa enormità dell'offerta non gli palesasse la coscienza dei propri limiti. Lo vediamo vacillare, la faccia denuncia uno stato di prostrazione che ci allarma e di cui facciamo subito partecipe Asfalto, che, smessi i panni di condottiero e calzati quelli più opportuni di veterinario, sottopone la bestia stordita ad alcune sollecitazioni fisiche, per saggiarne i tempi di reazione. Definisce lo straniamento del paziente «una interessante variante della Sindrome di Stendhal». Suggerisce di accomodare Manubrio sul sellino posteriore di un tandem, per fortuna ce n'è uno disponibile, e Trench si offre di occupare il posto davanti, con tutti gli oneri del caso. Durante il percorso ogni tanto si volta a verificare le condizioni del compagno, per poi riferirne a tutto il gruppo: «Ehi, ma questo sbava!». Per forza, su un tandem! Feticista.

MdB 5

L.: «Tu l'hai già fatto altre volte, no?».

C.: «Sì, tranquilla. Faccio per dire, perché ogni volta ho sempre paura. Non ti dico la prima uscita, che tremarella. Ma ti hanno spiegato tutto, vero? Tecnicamente, voglio dire?».

L.: «Sì, certo. E m'hanno raccomandato di filarmela di corsa appena sbrigato l'affare».

C.: «Ci separiamo subito, di modo che se qualcuno ci vede e ha una mezza idea d'inseguirci resti un attimo disorientato non sapendo chi inseguire, e alla fine decida di lasciar perdere».

L.: «In effetti perché cacciarsi nei guai con delle pazze fuori di testa? Chi glielo fa fare?».

C.: «Ma sai, con le donne c'è sempre qualcuno che si crede più forte e magari quella sera gli passa per il cranio di fare il coraggioso. Vuoi un consiglio? Legati i capelli. Infilali sotto un cappello, ce l'hai uno adatto? Perché regalare mezzo identikit? Di notte i capelli lunghi sono l'unica cosa che si vede…».

L.: «M'hanno detto di assumere pochi liquidi, durante il giorno. E comunque subito prima dell'azione fare pipì!».

C.: «Davvero?!? Ah, a questa non ci avevo pensato davvero».

L.: «Me l'ha insegnato Arena. Perché al primo contrattempo che ti capita rischi di fartela addosso!».

C.: «Ma scusa, Arena sa qualcosa?».

L.: «Non credo… Io di certo non gli ho detto niente…

Anzi, ora che mi ci fai pensare... Hai visto che stamattina sono andata con lui in moto? Mentre vi aspettavamo laggiù, all'autostrada, è stato lì che me l'ha detto, falla ora la pipì, prima che arrivino tutti!».

C.: «Uh, ma che previdente! Non ce lo facevo».

L.: «Per darti un'idea di come mi sento qualche volta, in mezzo al traffico, hai presente quel quadro, da incubo, molto inquietante, dove c'è una vecchietta che attraversa un ponte e si tappa le orecchie... È famosissimo!».

C.: «Con un po' di fantasia potrei pensare che ti riferisci all'*Urlo* di Munch».

L.: «Preciso, vedi che hai capito...».

C.: «Un momento! Quella che tu chiami vecchietta, che in realtà è un'immagine stilizzata, tutta bocca e occhiaie, mica si tappa le orecchie! Quella urla!».

L.: «No, l'hai guardata male. Quella si tappa le orecchie perché è assordata da qualcosa o qualcuno che non si vede, e che nella mia personalissima lettura dell'opera è un cretino col clacson...».

C.: «Questa è troppo grossa, carina. Non te la posso passare, ci sono decine di interpretazioni su quel quadro, ma nessuna mette in dubbio che l'urlo viene da dentro, dall'inconscio, è una sorta di urlo primitivo, capisci?».

L.: «Tu la vedi così. Io in un altro modo. Oh, è arte moderna, conta come uno la recepisce, mica come l'interpreta un critico. Sta di fatto che a ogni strombazzata che mi colpisce alle spalle mi balena alla mente quell'immagine. Vorrà dire qualcosa, non ti pare?».

C.: «Forse sì. Sai che? A casa me la voglio riguardare. Prendiamo anche il dolce?».

L.: «Sì, certo, come no! Far precedere l'atto da opportune stimolazioni orali, l'ho letto sul manuale della giovane terrorista».

C.: «Signorina Larissa, Lei si applica con zelo, ma fa un po' di confusione tra le sue letture. Diciotto».

Conciliazione

L'altoparlante del lager gracchia: «Signori ciclisti, c'è l'assessore al telefono... Chiede di parlare con un responsabile dell'Associazione».

Guardiamo verso Asfalto, che si avvia pensieroso verso gli uffici. Arena lo richiama, perché si volti. Gli fa un gesto di incoraggiamento, serrando i pugni.

«Non molliamo!».

Per la prima volta intravedo in Arena un moto di simpatia per l'idea, più che il senso del dovere nei confronti del vecchio amico. Asfalto fa un cenno di assenso e prosegue, convincendosi strada facendo che non importa cosa voglia dirgli l'assessore, piuttosto cosa gli chiederà lui. Nel frattempo scambio due chiacchiere con un giovane impiegato, gli chiedo se capita mai qualcuno a riprendersi la bici: molto raramente, e comunque una volta saputo a quale cifra ammonta la tassa per il recupero, ognuno decide che non vale la pena, e se ne va, non senza aver protestato per l'assurdità della rimozione e l'iniquità della penale economica. Una cifra sproporzionata, di poco inferiore a quella che si vedono costretti a pagare i proprietari di automobili. Ma non prendetevela con me, aggiunge, pure lui trova la cosa davvero indecente. Intanto mi do da fare a scacciare sciami di incognite zanzare tigre che mi pungono alle gambe e alla nuca; il ragazzo se ne avvede, ma non pare stupirsene. Ci sono dei depositi di pneumatici, lì vicino, m'informa. Annuisco, lamentandomi del fatto che siamo quasi a Natale, le zanzare dovrebbero essere morte e stecchite, e invece infieriscono senza tregua. Mi ricordo del povero Fulmine dall'occhio gonfio. Finalmente Asfalto esce dall'ufficio e ci viene incontro col sorriso di chi l'ha spuntata, agli angoli della bocca gli si legge la soddisfazione per la clamorosa svolta che attende il movimento.

Gol!

«Le biciclette ferme da più tempo saranno distribuite tra i cittadini. Basta che dichiarino per iscritto che ricevono la bici in prestito dal Comune, e si impegnino a farne buon uso e tenerle in buono stato. Non potranno essere rivendute, ma...», s'interrompe continuando con i gesti a manifestare la propria soddisfazione per il risultato raggiunto, che è davvero straordinario, lo riconosciamo tutti.

«Ma...?», lo sollecita Fanale.

«Solo ci chiede di lasciare qui le biciclette e di costituire una commissione che raccolga le domande, il tutto insieme a un notaio comunale, che prenda nota delle richieste, le valuti, assegni le biciclette, raccolga i dati dei riceventi e così via».

«Ecco la fregatura – commenta Formaggino – si va alle calende greche, e si prendono tutto il merito loro». «Se alla fine non va tutto in cavalleria!».

«Beh – riprende Asfalto – uomini e donne di poca fede, non penserete che ho scavalcato il guard-rail dell'autostrada rischiando la pelle per farmi fregare dalla telefonata di un politico, vero?!?».

«Che gli hai risposto, allora?».

Come si fa pregare per raccontarci tutto per filo e per segno!

«Gli ho detto che la sua idea della ridistribuzione mi sembrava favolosa!».

«Sua?!? E poi?».

«Che non sarebbe venuta in mente nemmeno a noi, così ganza».

«Ho capito, un po' di miele...».

«… E che un'idea del genere ce lo avrebbe reso mitico per tutta la vita, ovvero alle prossime elezioni ce lo saremmo ricordato, che poteva contare sulla nostra riconoscenza…».

«Sei nato puttana, Asfalto, oppure è la lezione del Marucelli?».

«… e che per dare più visibilità, una visibilità mondiale alla sua decisione, trasporteremo tutte le bici in piazza del palazzo comunale, e lì, con i fotografi e i giornalisti di tutto il pianeta, ci sarà la distribuzione popolare!».

«Fenomenale!».

«Faremo una grande festa – ho continuato – chiamiamo i cantanti e qualche attore famoso sensibile a questo tema… Poi chiamiamo i bambini che recitano poesie sulla bicicletta, Maligni che legge Dante…».

«In tema bicicletta?».

«Eh, qualcosa inventa… Sentivo che s'arrapava e allo stesso tempo cercava di smorzare l'eccitazione, prendeva le distanze, perché bisogna pensarci bene, la cosa va organizzata, siete sicuri di averne i mezzi, la distribuzione della bici non deve dare adito a sospetti di sorta, quelli dell'opposizione li conosciamo tutti, e ci vuole un po' di pazienza se si vogliono fare le cose per bene, i tempi dell'Amministrazione comunale, le varie formalità, modalità, permessi…».

«E tu, allora? Quanto tempo gli hai dato?».

«Io gli ho detto, e se ho sbagliato lapidatemi, che noi le biciclette ce le prendiamo subito, e le portiamo in piazza, e se lui voleva darci una mano, che mandasse dei camion per caricare quelle che avanzano».

«Sei un bolscevico, Asfalto. Da oggi ti chiamo Asfaltovic!» si congratula Formaggino, con occhi ammirati. Che colpo!

Il sogno di Zambon

Nessuno opponendosi, meno che mai gli impiegati asserragliati nel casotto dell'ufficio, ci si pone all'opera, sfilando una a una le biciclette dall'intreccio di fili di freni, manubri, pedali, che le tiene miracolosamente insieme. Non stiamo a scegliere la bicicletta che ci piace, si ripete, perché comunque saranno portate in piazza e lì registrate e distribuite.

«In base a quale principio?» mi viene di chiedere. Imbarazzo. Risolto da Maddalena: a sorte, ognuna sarà numerata, lo stesso facciamo per le richieste, e via via si estrae una bici e una domanda, bici numero 412, domanda 845, scopa, avanti la prossima. A Formaggino non gli piace troppo il sistema, «io sono nato scarognato!», e propone follie burocratiche che gli valgono il consueto pieno dei peggiori insulti disponibili nel lessico locale, che si gode come bacini di candidate a Miss Italia. Intanto arriva la televisione regionale e coi giornalisti l'informazione che sull'autostrada è un macello.

«Una serie di tamponamenti micidiali dovuti a un rallentamento improvviso che non si capisce perché – deglutiamo – ci sono coinvolte anche una macchina dei vigili e una dei carabinieri...», e questo chiarisce perché della paventata presenza di forze dell'ordine non ci sia traccia.

A proposito, si sa niente di più sulla nuvoletta misteriosa? In effetti è sempre lì; sul centro e la periferia nord si nota distintamente una bolla che sale fino a una certa altezza, che non siamo in grado di definire, per poi come sgonfiata ridiscendere minacciosa verso le abitazioni, sostare alcuni minuti e riprendere la sua ascesa. Siamo in molti a tenerla d'occhio. Con uguale inquietudine inerme. A distoglierci da questo gramo pensiero si fa avanti un universitario già notato all'appuntamento alle rastrelliere, due giorni fa. Ha già scelto una bicicletta per il ritorno, una da corsa, e Asfalto si congratula, ricordandogli comunque che è sua solo per il trasporto in piazza, ma non è di questo che Zambon vuole parlare.

«Ragazzi, io ho un sogno. Da sempre, da quando mi ricordo che sono salito sulla mia prima bicicletta».

«Viene incoraggiato a svelarlo, se si può fare qualcosa...

«L'autostrada! – sospira solennemente, passandosi una mano sui capelli –. Un corteo di biciclette che invade l'autostrada e scivola veloce su quell'asfalto bello liscio, silenzioso e lirico! Centinaia di biciclette che passano e sapete cosa vuol dire il fruscìo dell'aria fra i raggi di una miriade di bici? Fru, fru, fru… – soffia ispiratissimo –. Avete mai ascoltato lo spostamento d'aria che si produce, che so, quando passano i corridori? Avete mai visto un passaggio del Giro d'Italia? È meraviglioso…!».

«Qui abbondano i poeti!» lo interrompe Fosco, deridendolo.

«Per fortuna!», l'inaspettato commento di Arena, proprio lui, l'osso duro, il ghigno immobile.

Lo guardiamo stupiti: increduli che un tale commento sia uscito dalla sua bocca. Avessi qualche anno di meno me ne innamorerei all'istante! Basta il suo pronunciamento perché alla folle idea del ragazzo si dia tutta l'attenzione.

«Perché no?» chiede l'emergente Larissa. «Facciamo il giro della tangenziale in bici! Ci lamentiamo sempre che nessuno si occupa di noi, abbiamo occupato il Palazzo d'Inverno e lo stesso hanno fatto finta di niente, che gliene frega alla gente se ci accampiamo nel salone delle adunanze? Ma convertiamo l'autostrada in pista ciclabile, e vedrete se non ci vengono a cercare».

«E come no! Con lo schiacciasassi, ci vengono a cercare. Siete impazziti?» obietta Fosco.

«A me il sogno del ragazzo piace, e parecchio!».

«A me pure. Si può fare la volata finale?».

«Certo che si fa, ma attenzione: sulla rampa vi stacco tutti, e mi presento da solo al traguardo!».

«E cosa gli diciamo al casellante?!?».

«Beh, non lo so… Hai qualche idea, Jumbo?».

«Come no: appedaggiaglieneee, aggabbiottagliceglielooo!».

Rimbombano alte le grida di battaglia delle temerarie schiere dei Nouvelle Velo!

MdB 6

L.: «È quella! CO765UT, corrisponde. Che cazzo di macchina! Questo è uno che c'ha problemi di erezione, te lo dico io».

C.: «Proprio una macchina da stronzetto. C'ho più gusto».

L.: «Perché, secondo te ci sono macchine buone e macchine cattive?».

C.: «Bella la mia talebana, adoro il tuo furore giovanile, purtroppo non ho più l'età per ascoltare cazzate. Sforna un paio di marmocchi da portare da inglese e a musica traversando mezza città e poi mi sai dire se una macchinuccia non ti fa comodo ogni tanto».

L.: «Mezzi pubblici? Mai sentito parlare?».

C.: «Come no!?! Infatti pensavo già di nascere in un paese civile, la prossima volta. C'è anche il lampione rotto. Abbiamo almeno culo che la strada non sfonda…».

L.: «Un cul de sac, ah, ah! Ma non mi fare da mamma, perché m'infurio».

C.: «Solo non mi piace quella luce accesa al terzo piano. E poi tutte queste villette. Gente che porta fuori il cane».

L.: «A mezzanotte e mezzo?!? Che vita! Che facciamo? Ripassiamo più tardi?».

C.: «Dai, facciamo ancora un giretto. Poi si torna».

L.: «Che palle!».

C.: «Cosa c'è che non va? Ti alzi presto domattina?».

L.: «No, non è questo. Mi frizzano gli occhi, ho le lenti a contatto da stamani. Dovrei togliermele».

C.: «E ci pensi ora?».

L.: «È questo cavolo di cornea sinistra, reagisce alle emozioni, la stronzetta. Davvero, l'ho notato altre volte. È più sensibile dell'altra. E mi farebbe comodo passare da una toilette».

C.: «Non ci sei stata prima di uscire dal ristorante?».

L.: «Non so come dirtelo senza essere scurrile, sorella… Non è la pipì…».

C.: «Ma ti prego! Ti s'addormentano i piedi, ti s'accumula la bile, ti frizzano gli occhi, e ora ti scappa anche la cacca. E cos'altro?».

L.: «*Delirium tremens*?!? Senti come mi battono i denti? Hihihihii…!».

C.: «E tu saresti quella che parla di Brigate Rosse, ma fammi il favore! Io chiedo il cambiamento di cellula. Con te finisce che mi arrestano per atti osceni! Addio lavoro all'università…».

L.: «Favoloso! Andare in galera per libera estromissione delle feci, ci pensi le dimostrazioni se mi arrestano? Se mi chiedono se avevo dei complici faccio il tuo nome, te lo giuro. La carta igienica me la dava Cristina. Cercatela, va sempre in giro con un rotolo!».

C.: «Ci sentisse la Madre Superiore, che figura faremmo, sorella Larissa!».

L.: «Ma che lagna questa Madre Superiore! Chi è, un'automa? Una volta le sarà scappata anche a lei fuori orario, o no?!? Chi sarà mai? Santa stitichezza da Calcutta?».

Col vento in poppa

Filano le bici, su quell'asfalto che pur rattoppato pare olio d'oliva a paragone dei faticosi sconnessi affossati selciati cittadini. A me viene in mente una canzone di De Andrè, lì dove dice, in tutt'altra situazione, «eravamo osservati dalla gente per bene, che mai aveva visto matrimoni in quello stile…», ma l'incredulità degli automobilisti che incrociamo è indescrivibile se non con le parole di un poeta. Cantiamo, è un modo di manifestare la nostra leggerezza, la nostra euforia, per quell'insolita pedalata trasgressiva e straordinaria. Non ci frega di quello che succede dietro, degli insulti, le minacce e gli accidenti che ci stanno mandando chissà quante centinaia di camionisti. Ci sentiamo forti, Fanale pedala senza mani, faretto intermittente sul capo, distendendo le braccia come ali di uccello, e intonando «If you want to be a bird…», come i motociclisti freak di *Easy Rider* in quella scena che paiono portati dal vento. Manubrio, ripresosi, dal tandem gli risponde da par suo, sfoggiando equilibrismi mozzafiato come il giovane Robert Redford in quell'immortale esibizione scandita dalle note di «Raindrops keep falling on my head…». E poi canzoni più ciclistiche, tipo *Sotto questo sole, è dura pedalare e c'è da sudare…*, oppure l'ispiratissima *Signore, io sono Irish*, splendida interpretazione di Geometra Marchigiano, che in sella non è nemmeno lontano parente dell'angosciato professionista della notte prima. Non c'è nessuno che ricordi la melodia o qualche parola, oltre il titolo, di una struggente composizione di Tom Waits, *Broken Bicycles*, biciclette rotte. Per quanto ci sforziamo di imitarne la voce roca di fumo e impastata di alcol, ogni tentativo canoro muore lì, Broken bicycles e niente di più. Zambon, che guida il plotone, ci toglie dall'empasse, riesumando un trascinante valzerino *Le biciclette di Belsize*, che nessuno sa dov'è ma il ritornello si amalgama bene al movimento circolare delle gambe. Jumbo non si smentisce e strazia il corteo con «E adesso spogliati, come sai fare tu…».

«Ma che c'entra *Bella senz'anima*?».

«Bambina, io ce la fo entrare dappertutto, stai tranquilla!».

Ma insomma, che goduria fare bye bye a uno sbigottito casellante, e andare oltre.

Fulmine, con l'aggravante della semicecità procuratagli dalle punture d'insetto, è rimasto anche stavolta indietro di qualche metro, per cui passando davanti all'addetto si affaccia al gabbiotto: «Ha visto mica degli zingari felici, passare di qui con la bici?».

E quello, squadrandolo come uno squadrista franchista avrebbe squadrato un poeta andaluso, puntando l'indice gli fa: «O che sarebbero quelli gli zingari felici?».

Fulmine

Qualcuno sostiene che Fulmine sia lento di natura, insomma ci sarebbe nato; altri invece che ostenti tanta flemma di proposito, per partito preso. Oppure, splendida sintesi, che giustifichi ideologicamente un ritardo psicofisico. Non saprei dire se in lui prevalga l'animale o il filosofo; di certo metterebbe a dura prova la pazienza di un santo. A chi cerca di scuoterlo lui fa resistenza appellandosi al principio di minima azione, criterio al quale sarebbe la natura stessa ad attenersi, ed esserci maestra. Porta a sostegno di questa tesi degli esperimenti di meccanica quantistica che sono la persona meno adatta a riportarvi, ma, rimanendo agli esempi che capisco anch'io, cita sempre l'acqua che sgorga dalla sorgente e disegna il proprio corso scegliendo tra tutti i percorsi quello che richiede il minimo sforzo. Che, sottolinea lui, alla fine sarà il più diretto e quello che più le conviene. Se si comporta così il Mississippi –

ne deduce – mi spiegate perché io dovrei agire diversamente? L'energia è limitata, conclude. Facciamone buon uso, ci ammonisce. E noi, quando ci troviamo in pizzeria, restiamo lì, davanti ai nostri piatti spolverati in un battibaleno, a guardarlo masticare pigramente il suo trancio di pizza, con movimenti quasi impercettibili delle mascelle. Minimalista.

Mica un grande giro, ma insomma una ventina di chilometri tra raccordi e circonvallazione ce li pedaliamo tutti, e non è facile convincere qualche estremista in estasi che ora bisogna uscire, tornare in centro e proseguire l'azione di propaganda. Qualcuno con la testa sul collo ce l'abbiamo anche noi, del genere piccolo imprenditore alternativo, che ha provveduto a dirottare il furgoncino della ditta al parcheggio bici, per caricarne qualche altra decina, per cui quando il gruppo arriva in Piazza del Comune c'è già chi si dà da fare per tirarle giù e disporle davanti al palazzo, rassicurando un paio di perplesse vigilesse che «è d'accordo anche l'assessore». Ma sono giorni così, nessuno ha voglia di dare disposizioni precise, ordini o divieti espliciti, l'atmosfera è di stare a vedere come va a finire questa follia collettiva.

E anche le stelle, lassù, stanno a guardare. Cioè, le stelle non lo so, ma la nuvoletta sì, imperturbabile. E tanti turisti incuriositi che fanno scattare le loro camere per noi che ci mettiamo in posa per una foto ricordo, una gettonatissima Legnano nera d'annata da una parte e i bambini dall'altra. Sono i momenti più belli di un pomeriggio fantastico e trionfale; nessuno, nemmeno Fosco, s'immagina che di lì a poco saremo sfiorati da una tragedia che tanti imputeranno a noi.

Il terzo canale batte tutti sul tempo, diffondendo per primo la notizia di una «redistribuzione popolare di mezzi di trasporto non inquinanti». La notizia viene ripresa dalle emittenti locali e giornalisti, fotografi, operatori accorrono in piazza. S'incarica Geometra Marchigiano di curare l'aspetto scenografico dell'originale allestimento. Il tutto badando sempre alla limpidezza dell'operazione: ogni bicicletta viene contrassegnata da un numero che fiammeggia su un cartoncino appeso al telaio con un filo dorato; le bici senza cavalletto vengono accostate alla meno peggio ad altre più stabili, e in qualche modo si raggruppano qui le bici da donna, laggiù quelle sportive, dietro le mountain bike e lo spettacolo, se non bello, è per lo meno originale e divertente. Manubrio, per toccarne più che può, s'accolla il compito di operare alcune riparazioni sommarie delle più bisognose, e fornito di attrezzi del mestiere commenta le proprie operazioni a beneficio di alcune scolaresche in gita. Si definiscono data e modi della distribuzione: il ferro va battuto caldo; inutile sciogliersi in attesa di benedizioni ufficiali che non arrivano e probabilmente non arriveranno; anzi, che ci si sbrighi, prima che qualcuno ci tacci di appropriazione indebita e invochi la forza pubblica. Una volta acquisita la simpatia e la partecipazione dei cittadini staremo in una botte di ferro: chi oserà opporsi alla rimessa in circolazione dell'unico mezzo di trasporto che garantisce una mobilità non costosa per le tasche dello Stato, della città e tanto meno della gente? Un amico giornalista ci segnala pure che un impressionante numero di persone in quelle ore si sta rivolgendo alle strutture sanitarie con problemi cardiaci e di respirazione. Insomma, l'emergenza non è un'invenzione di Nouvelle Velo... La raccolta di richieste parte immediatamente, e fissiamo l'assegnazione delle bici di lì a tre giorni, davvero a tempo di record. Sono favorevoli anche le previsioni del tempo, mentre invece, da lunedì, le probabilità di rovesci aumenteranno di molto, rovinando la festa. Perché di questo deve trattarsi, la festa della liberazione dai gas di scarico e dalla aggressività sonora di auto moto motori motorini e clacson. Fila tutto alla perfezione, penso tra me e me. Durerà?

da: sergino87@libero.it
a: patapata@uni.si.it
soggetto: tentazioni
spedito il 28.11.07 ore 21.55

ciao pata pata e grazie della mail e degli auguri x mio padre. sta sempre lì lo rimandano a casa per natale forse. con le mie sorelle facciamo a tirarci giù più giù, :-(ma ke vuoi... con lui messo così male Oggi mi sono molto incazzato [:-] ho fatto un giro con la graziella. anke se abbiamo il mare vicino finora c'eravamo salvati da quella baraonda di turisti alberghi campeggi camper appartamenti vacanze e agenzie immobiliari, passava di qua giusto qualke originale, col sacco a pelo per scansare il casino sulla costa. ma questa è già nostalgia pata mia. In poki anni hanno costruito a tutto spiano e ti farei vedere dove e come, palazzi di tre piani al posto di uliveti e cipressi renditi conto su pendii scoscesi e pure franosi, noi del posto lo sappiamo che certe colline smottano ma fanno tutti finta di nulla. ho sempre amato uno strappetto ^^^^ sulla strada che va a guardastella * ci sarriva col fiatone ma quando sei lassù ne valeva la pena x lo spettacolo delle colline che scendono al mare e si vede lacqua azzurra e qualche giorno le isole, è un posto dincanto e basta. non aveva mai un nome x noi era il ((curvone. Ora c'è un cartello, LOTTIZZAZIONE BELVEDERE e gli scheletri di 6 palazzi in costruzione!!! renditi conto, non è più la colonica che aggiungi un metro di sopra, due di sotto, un paio di qua e un paio di là ti fai la villetta, che xò resta nascosta, x pudore o x coscienza sporca o che ne so io, paura di finanzieri albanesi

rumeni slavi zingari insomma mimetizzata ########## tra rampicanti e macchia. questa invece la chiamano edilizia popolare – palazzi cessi x andare a dormire e cacare come in ogni orribile periferia di città – x giovani coppie che devono convolare, ma dove??? quelli della mia età tutto hanno x il capo fuorché di sposarsi e restare qua, tassicuro. No, no queste diventano seconde case di gente di città che il venerdì sera scappa perché cè inquinamento vicini rompicoglioni non si trova il parcheggio e quando arrivano qui si portano dietro gli stessi problemi inquinamento vicini cemento ma in più quando arrivano loro non basta lacqua x tutti e non si fa nemmeno la doccia. Cè questo L8 dove i lavori sono bloccati BLOKATI da mesi, non hanno i soldi x continuare prima devono trovare l'acquirente che compra a scatola chiusa cioè sulla piantina e mi chiedo che cosa augurarmi? che riescano a portare in fondo quegli obbrobri? oppure che rimangano così come sono aborti squadrati e scheletrici? C'è una 3° via. Seguimi nel ragionamento >>>>>>>>> xke rassegnarsi :-(((sempre al peggio? >>>>>>>> xke non pensare di dare uno ^^^^^^^^^^^^^^^^^^ scossone? Ho parlato con qualcuno qui che la vede come me. Lavora alle cave. Era artificiere in kosovo. La tentazione è molto molto forte :-)))
   Sergino

da: patapata@uni.si.it
a:sergino87@libero.it
soggetto: NON farti tentare
spedito il 30.11.07 ore 14.35

sergino scavezzacollo!
   Capisco come ti senti. Comprendo la tua indignazione. È anche la mia. Non provo meno rabbia, ma, ugualmente… te lo dico dopo.
   Di esempi di scempi potrei farti la lista. Lo sai che abito ai piedi delle colline, no? (location_da media borghesia, poi più si sale e più ricchi sono). Mi basta fare quattro passi per

quelle stradine e ogni volta, da dietro quei cancelli robusti di ville invisibili ai comuni mortali, oltre quei muri di cinta con le schegge di vetro antiladri murate sul bordo, mi arrivano rumori di betoniere in funzione. Che ci fanno, là dietro? È presto detto: piscine, terrazze, verande, dependance, garage, tutto abusivo, ci puoi giurare.

Una volta non ci passava un'anima di qua, ora su per queste impennate i camioncini delle imprese edili fanno fatica a salire e alle curve, se succede che due s'incrociano, comincia una serie di manovre che pare il gioco del quindici, retromarce sul ciglio del fosso e a curva cieca che non ti dico il rumore e il puzzo. Quando è così torno indietro, li maledico tutti quanti e mi rifugio in cucina, così per il frust devasto frigorifero e giro di vita. Che ci fanno muratori idraulici e sventraterre vari su una collina dove in teoria è proibito cementificare? Nessuno li vede? Nessuno s'accorge di niente? Sono tutti d'accordo? Senza punto interrogativo: sono tutti d'accordo.

Non ho ben capito di che tentazioni parli, ma siccome ti manca più d'una rotella e qualche sospetto mi viene, ti dico subito che per quella strada non ti seguo neanche un po'. Anzi, con l'autorevolezza che mi viene dal poter essere quasi tua madre, ti ordino di non avventurarti giù per certe chine con questo amico artificiere (!) reduce dai Balcani, nemmeno a parole.

E di certo non su e-mail! Sei del tutto impazzito?

La tua Pata pata

da: sergino87@libero.it
a: patapata@uni.si.it
soggetto: tentazioni
spedito il 02.12.07 ore 23.55

il gioco del 15 cosè roba dei tuoi tempi? come si vince? tirandosi indietro? allora 6 campione del mondo. sono io ke non ti seguo, dici che sei indignata e poi ke fai? tinzeppi di nutella bella reazione a me invece mi si chiude lo stomaco quando vedo certe cose. ma è cosi difficile x la gente essere conseguente fare seguire al pensiero >>>>> lazione allo sdegno >>>>> la rabbia alloffesa >>>>> la reazione? xke non ti viene in mente dappoggiare uno scaleo al muretto di quella villa e smartellare via tutta quella robaccia quei vetri conficcati nel muro ma ti sembra sopportabile la vista di una tale barbarie? Il terrorismo è questo, lo capisci? e x i furgoncini delle ditte ti do un consiglio investi tutta la tua indignazione in 10 euri di kiodi appuntiti e seminali su quella strada vedrai ke casino se blokki i rifornimenti di cemento insomma svegliati e boikotta i lavori se ti turbano tanto come dici no??? I MATTONI SI SBRICIOLANO MA NON FANNO SANGUE non cè dolore *(((non cè violenza non ci sono punti da suturare solo detriti da spazzare ci penserà il vento e madre natura. Lamiko adesso è via ankio la prossima settimana torno su quindi la kosa è rinviata se ti va di parlarne volentieri bello il finale di zabriskie point :-)))

sergino a chi?

Incomprensioni, malumori, screzi

«Ho avuto proprio una bella trovata, dovete farmi i complimenti… Se s'aspettava il decreto comunale campa cavallo…».

«Dice sul serio?» ribatte il Colonnello, a cui Asfalto, impossibilitato a rispondere, ha fatto cenno di sfilargli il cellulare dal tascone. «No, perché noi di conversioni all'ultimo momento ci fidiamo poco!».

«Ma non si tratta di conversioni, sono sempre stato solidale con la vostra battaglia, solo che nella mia posizione…».

«Nella sua posizione che?».

«Si deve essere in grado di mediare. Siamo in democrazia, e io sono l'assessore alla mobilità cittadina di tutti, non solo dei ciclisti. Ai quali, ripeto, è sempre andata la mia simpatia e tutto l'appoggio che le circostanze mi hanno permesso…».

«E le piste ciclabili? Perché ogni volta che c'è un intervento sul traffico ve ne dimenticate?».

«Ma è colpa anche vostra! Le chiedete, noi ve le costruiamo, dirottando fondi pubblici destinati ad altri interventi, e poi non le usate. Sapete quante lettere riceve il mio ufficio da cittadini che chiedono conto di spese per piste ciclabili disertate dai ciclisti?».

«Io chiamo pista ciclabile un percorso dove posso pedalare insieme a mio figlio senza temere per lui. Non è quello che voi ci date!».

«Ma con chi parlo? Non è il Signor Asfalto?».

«No, sono il Colonnello. E comunque Asfalto la pensa come me. Se è d'accordo con l'iniziativa venga qui a darci una mano, c'è da tenere ferme le biciclette mentre s'attacca il cartellino. Se no restano tutte chiacchiere e basta! La aspettiamo, assessore!».

A questa parola Asfalto, che è a un metro, strabuzza gli occhi, e protende la mano verso l'altro: «Passamelo!».

«Troppo tardi, ha già riattaccato!».

Per Asfalto quello non aveva il diritto di intercettare una chiamata sul suo telefonino, «… un cavolo che il permesso te l'ho dato io, t'ho solo fatto cenno di sentire chi era; dovevi passarmelo!».

«Altolà! Non devi dire così, Asfalto. Altrimenti ci fai pensare che ci siano dei patti segreti» insinua Fanale, affondando un colpo basso all'amico. Sfocia in lite. Che vi dicevo, mi sembrava troppo bello… Insulti e considerazioni sprezzanti sul quoziente intelligenza da un lato, ribattuti da pesanti apprezzamenti su smanie di carrierismo politico dall'altra; Asfalto, ferito, scosso, sembra di voler eruttare da un momento all'altro, mentre Fanale si prova di coinvolgere qualcun altro dei pezzi da novanta di quelle eroiche giornate, in primis Arena. Che preferisce rimanere defilato. Comunque, se è in atto un tentativo di colpo di Stato, il Colonnello e Fanale non danno l'impressione di avere radici tra le masse; a poco gli vale la sponda offerta dal Soffritti, un fanfarone che soffia sul fuoco di rivolte che solo lui presagisce: «Perseguire un qualche livello di coinvolgimento istituzionale è zuppa riscaldata. Siamo già troppo avanti, le masse non hanno più un briciolo di fiducia nei governanti, li individuano come il nemico principale», si sforza di argomentare, nella commiserazione degli altri. Porta a sostegno testimonianze che lui ha raccolto «sul campo», in quelle periferie nelle quali dice di muoversi come un pesce nell'acqua. «Quarto è allo stremo, Quinto alla disobbedienza civile, e Sesto… una polveriera!».

«Ah sì?» gli ribatto. «E dire che a me pareva di vivere in un polverificio!».

E questa volta sono io a far ridere tutti, e me ne compiaccio parecchio, perché mi capita così di rado di riuscirci.

«Brava Pata pata!» si complimenta pure Asfalto. Mi sorprendo che conosca il mio soprannome, forse l'ha desunto dall'indirizzo di posta elettronica. Lo stesso mi fa piacere!

Col crescere del can can mediatico, gli eroi del mattino figurano già semi dimenticati nei comunicati stampa della sera, in sostanza relegati a oscura manovalanza addetta alla preparazione della festa. Invece assessore e segretarie hanno ormai montato le tende in piazza e danno mostra di grande impegno: telefonino fisso all'orecchio, dispongono, contattano, ordinano. Alcuni camion scaricano tubi di ferro e assi di legno per l'innalzamento di un palco dal quale sarà presentata la cerimonia. Da chi? Girano nomi grossi, tra tutti quelli del presentatore dell'ultimo festival di Sanremo, affiancato da due ex veline.

«Ma come, assessore, anche le veline?!?» si risente Asfalto.

«È l'unico modo per far venire i calciatori. Te l'immagini la risonanza se a donare le biciclette più belle ci sono i giocatori della prima squadra, e anche qualcuno della nazionale? Dammi retta, Asfalto. Non si può rischiare il buco nell'acqua. Le biciclette gratis vanno bene, ma per spostare la gente ci vuole altro. Pensa che catastrofe anche per voi se qui dopodomani ci avanza qualche centinaio di biciclette perché non ci sono abbastanza richieste... a me poi mi fanno a pezzetti, garantito! E i finanziamenti per nuove piste ciclabili te li sogni».

MdB 7

C.: «Tu stai con Fanale, vero?».

L.: «Ci stavo, ci sto, non lo so».

C.: «È buffo Fanale...».

L.: «Sì, proprio goffo».

C.: «Ho detto buffo...».

L.: «Ma volevi dire goffo!».

C.: «No. Io volevo dire buffo. Simpatico. Mezzo matto».

L.: «Non sopporto più la metà sana».

C.: «Ma dai, se lo cercavi diverso l'hai trovato!».

L.: «Diverso..., alla fine resta sempre uguale a sé stesso. Immobile, direi quasi. Negli anni e nei secoli. Se me lo richiedi ti dico che non ci sto più».

C.: «Ma questo è il difetto degli uomini. Si formano e si fermano. Si specializzano nei loro tic e non glieli scrosti più di dosso».

L.: «Ti dicono: io sono così. Prendere o lasciare».

C.: «Nemmeno gli sfiora l'idea di cambiare, di andare avanti... O indietro, o da una parte... Il cambiamento, niente gli fa più paura».

L.: «Io non ce la faccio a pensare che sarà sempre così. Non sto male, ma non è questo. So che un giorno vorrò cambiare, città, lingua, paese, lavoro, professione e ricominciare da zero».

C.: «Il rischio è che poi non ce la fai, e allora cambi uomo e basta».

L.: «No, questo lo fanno loro. Cambiano donna, perché tutto rimanga come prima. Ti rompi il capo per capire perché t'ha lasciato, dove hai sbagliato. Perché proprio a te è toccato di essere "l'esemplare scartato", capisci cosa intendo? Per darti pace sei anche disposta a scoprire in quella che t'ha sostituito qualità che tu non hai, e che è giusto così, crudele ma sensato…».

C.: «… quella che t'ha rimpiazzato è semplicemente una innocente che alle sue battute trite e ritrite si diverte ancora, che ai suoi tic stupisce e trasale, alla sua impressione di forza ancora s'accuccia fiduciosa, e tu no, più niente. Il re è nudo, e anche un po' patetico. Povero maschio, che ferita alla sua vanità. Ma che vadano tutti a fare in culo!».

L.: «È vero che volevi dire goffo?».

C.: «Certo. E gli è andata di lusso… Potrei anche aggiungere…».

L.: «Non importa, tanto per me è spacciato comunque!».

Asf. inn. 4 (Conversazione telefonica)

«Finalmente ti degni di rispondere...».
   «Chiedo scusa...».
   «È da giorni che...».
   «Sono molto occupato».
   «Tanto lavoro?!?».
   «L'hai detto».
   «Cani, gatti...».
   «Canarini! Un'intera voliera raffreddata».
   «Sicuro che non sia una bufala, signor veterinario?».
   «T'avrei chiamata stasera».
   «Non me l'avevi detto che sei questo gran popò di capopopolo...».
   «Ma dai. Posso richiamarti? Qui c'è gente».
   «Pure il nome di battaglia... Guarda che Astor sta male!».
   «Indigestione? Segno che s'è ripreso».
   «Non scherzare con il fuoco. Vomita. Da domenica sera».
   «Gli ha fatto male il giro in bicicletta?».
   «Per forza. C'era bisogno d'andare per fossi?».
   «Se gli danno noia le curve la prossima volta lo lasciamo a casa dai nonni».
   «È un gatto da struscio, non un cane da caccia».
   «È un gatto che fa tutta scena. Vorrei capire da chi ha imparato».
   «Ma dimmi tu se questo che parla è un veterinario! Che tipo di scena dovrebbe fare? E perché, poi?».
   «Se vuoi la mia diagnosi, direi che la causa comincia

per… ehm… diciamo g, e finisce per… a… Troppo difficile? Ti aiuto: comincia per ge, finisce per ia… Che sarà ?».

«Mi viene solo gelateria».

«A lui invece gli viene gelosia».

«Ma dai i numeri? E di che? Di chi poi?».

«Ah, chiedilo a lui».

«Un corno. Vengo a chiederlo a te. Anzi, veniamo. Grand'uomo, prepara le masse, che stasera ti vedranno nei tuoi veri panni».

«Mica vorrai presentarti qui con quello stupido micio al guinzaglio?».

«Ma di certo!».

«Io non ti conosco».

«Invece mi conosci e ti fa pure piacere. Scommetto che sarai tutto orgoglioso di presentarmi ai tuoi amici. Non sono mica nata ieri, eh?».

«In effetti non si può dire che tu sia di primo pelo».

«Ho cambiato pelo ma a quanto sembra non ho perso le piume…».

«Mi confermi che sei una bestia!».

«Allora, la prossima volta, invece di regalarmi Houellenbecq, fammi l'Enciclopedia degli animali. Almeno imparo qualcosa».

«Perché? Non t'è piaciuto?».

«È uno sporcaccione. Ma di quelli letali. Mortifero».

«Ah!».

«Soprattutto non è roba che si regala all'inizio di un'amicizia, o qualcosa del genere, tra un uomo e una donna».

«Volevo darti qualcosa di francese. Ho pensato a un disco di Jacques Loussier, ma mi hai detto che il jazz non ti piace… Di profumi non me ne intendo…».

«Perché francese?».

«È un segreto».

«Sputa il rospo, serpente».

«Di certo non ora per telefono».

«Quindi vengo da te in piazza».

«Se proprio devi passare in centro…».

«Ah, prima che tu lo sappia per vie traverse, magari qualcuno dei tuoi amici ciclisti mi conosce, c'è qualcosa che devi sapere del mio passato».

«Sei già stata sposata, l'avevo immaginato...».

«Tieniti forte».

«Di qualsiasi cosa si tratti, sappi che io mi considero un uomo moderno...».

«Ho posseduto *un* Jaguar!».

«Una Jaguarrr?!?».

«Un bel jaguarino azzurro. È grave, eh?».

«Direi! La macchina di Diabolik! E poi, che c'entra il maschile? Si dice *una* Jaguar!».

«Qual è il colmo per un ciclista? Comincia per ge... Ah, ecco: essere geloso di un'automobile! Su, rilassati, è stata un'occasione. Un amico doveva realizzare subito una certa cifra. Una decisione presa al volo, in un momento...».

«Di debolezza?».

«Ma che debolezza, sciocco. Casomai di euforia».

«Ho capito, non sei nemmeno pentita. E t'ha visto qualcuno?».

«Altroché! Mi guardavano tutti. Avevo venticinque anni, scendevo da una macchina del genere...».

«Non dire altro... Ma è acqua passata, o no?!?».

«Ti piacerebbe farci un giro, eh? Mi spiace, non ce l'ho più».

«L'hai rottamata?».

«Ma cosa dici, non sai di che parli! Quando l'ho venduta ho ripreso più di quanto l'avevo pagata. Ci sono cose che col tempo acquistano valore... Allora, vuoi che venga lo stesso?».

«Potresti venire in bici, per favore?».

«È quello che intendevo fare. Allora arrivo. Pardon! Arriviamo!».

Rimuginandoci

Mica che ad Asfalto piaccia troppo la piega assunta dalla faccenda, però deve ammettere che i conti tornano. Poco gli importa che i politici seguano la corrente per convenienza personale; li stiamo obbligando a darci retta – riflette – e gli ultimi avvenimenti hanno impresso a questa dinamica una velocità impensabile fino a pochi giorni fa. D'altra parte – rimugina – sono abituati a farsi scorrazzare per la città in auto pubbliche, con autista e vigili di scorta, magari a sirene spiegate, per corsie preferenziali negate agli altri; che persone del genere s'innamorino di colpo delle biciclette è da togliersero dal cervello. Ma noi vogliamo arrivare alla gente, all'automobilista bloccato nel traffico, vittima e corresponsabile del suo stato di incazzatura e frustrazione. Dipendente da un potente motore che farebbe pure i duecento ma poi non regge il minimo e si spegne quando sei in fila sulla rampa d'uscita di un sottopassaggio, e intanto stai inquinando l'aria che i tuoi figli respirano e pure spendendo fior di quattrini; dobbiamo riuscire a fargli provare – s'accalora – la praticità e soprattutto la gioia di una pedalata da casa al posto di lavoro…

«Ma pensate che la gente sia stupida?» chiede intorno, alla fine della sua solitaria dissertazione. Tanti annuiscono.

«E vi sbagliate, è solo male educata e peggio abituata. Diamogli le piste ciclabili, ma che siano comode e sicure, e vedrete che in tanti finiranno per lasciare l'auto a casa».

«È vero – riconosce Alvaro – in Germania funziona così».

Alvaro

Era partito vent'anni prima per quel paese, dietro a una gonnella alta e nerboruta («studiosa di Kierkegaard, bocca da carnivora») che lo silurò nel giro di poche settimane, sbattendolo fuori di casa nella gelida notte berlinese. Fece la posta per giorni intorno al fabbricato della sua bella, finché non recuperò con uno stratagemma parte delle sue cose, e si preparò per il ritorno. Era già sull'Italienexpress, il cuore sopito in una sorta di dormiveglia favorito dal placido dondolio del vagone cuccette, quando gli balenò la scena del ritorno a casa, il sarcasmo del padre, la sospirata soddisfazione della madre (gliel'aveva detto e ridetto che mogli e buoi…), l'imbarazzo di spiegare in giro le ragioni di quel fallimento. Gli tornavano in mente le immagini della partenza, gli amici del cuore che lo abbracciavano commossi, chiedendosi se si sarebbero mai più rivisti, e Goffredo che gli confessava invidia per quel gesto così radicale. E ora tornava, con la coda tra le gambe. Sconfitto. Scornato. Scese dal treno una stazione prima di quella indicata sul biglietto, e vagò tutto il giorno per quella città, meno fredda ma non più calda di Berlino, risolvendosi infine di riprendere la sera stessa il treno nella direzione a ritroso, e di darsi un anno di tempo. La sua determinazione aiutò la fortuna a girare, e nel giro di pochi mesi si trovò perfettamente integrato nella sua nuova vita di esule. Cambiò città, trovò un buon lavoro, una nuova donna, ebbe dei figli. Evitò i connazionali, e le varie trattorie Bella Napoli, scegliendo di condurre vita da tedesco. «Il rinnegato», lo chiamavano i pizzaioli della zona, vedendolo tirare di lungo, senza affacciarsi una sola volta nel locale, «che qua pijamme pure 'a Rai!».

Solo dopo molti anni riconsiderò l'idea di tornare in Italia, ma la decisione fu sofferta, e tutt'altro che facile: se a Hannover gli mancava l'Italietta disperata ma tanto cinematografica, nelle periodiche rimpatriate bastava il primo intoppo, il primo autobus strapieno come un carro bestiame in ritardo di mezz'ora, o la cabina telefonica maleodorante di orina e la cornetta strappata, perché già rimpiangesse la Germania, ordinata, efficiente, appagata. Quando fece il grande passo, e si decise a tornare, operando una faticosa operazione psicologica di annullamento e rimozione di tutta quell'esperienza, c'era una cosa di cui non volle dimenticarsi: la vivibilità di una città profondamente ed estensivamente percorribile in bici. La sostenibilità di una città pedalabile. Il semplice che da noi è difficile a farsi. Industrioso.

MdB 8

L.: «E tu, stai con qualcuno?».

C.: «Come, non lo sai? Sono sposata».

L.: «Uauh, figli?».

C.: «Due piccoli… Sorpresa?».

L.: «Parecchio. Madri di biciclette è proprio l'organizzazione giusta, allora. E tu, madre snaturata, con due bambini piccoli vai in giro la notte a sgonfiare ruote di fuoristrada?».

C.: «Piccoli ma svezzati. E poi una sera la settimana lasciami in pace, mollo i pargoli al padre. Se mi diverto così invece che andare al cinema si vede che ho bisogno d'avventura. Di punire qualcuno che se lo merita. Ho il trip della giustizia, che ci vuoi fare».

L.: «E il padre? O il marito, come preferisci che lo chiamo? È discreto?».

C.: «Dis-cretino. Ma lo sa anche lui, che è un bell'aiuto».

L.: «Sempre più interessante. Ma l'avresti definito così anche prima? Prima di sposarvi, voglio dire? O te ne sei accorta strada facendo? Perché a me è successo così, con Fanale. L'ho detronizzato. Dall'altare, simbolico, non siamo sposati, alla polvere».

C.: «Faccenda complessa. Quello di prima era un maiale, simpatico ma maiale. D'Annunziano, ma io non sono Eleonora Duse. L'ho mollato, non potevo fare altro, ne andava della mia dignità. Ti risparmio i dettagli, le coreografie varie, le scenografie che mi proponeva. Ma all'inizio mi sono anche divertita. Dopo di lui, sulla fatidica soglia dei trenta, mi sono detta che ci voleva giustizia – rieccoci al punto – e chi aveva troppo era giusto che dividesse con chi aveva meno, e se mio padre, per demerito o per sfortuna, non era riuscito a mettere da parte il becco di un quattrino, lasciando me e i miei fratelli in stato di necessità, allora era giusto che chi aveva avuto una sorte migliore dividesse con me i propri beni. Capisci?».

L.: «Confessati con la tua sorella di cellula. Adoro le biografie».

C.: «Ridistribuzione, la parola magica è questa. A ogni generazione rimescoliamo le carte, e i meno abbienti godano delle fortune dei ricchi. Così si opera un processo di riavvicinamento tra fasce diverse della società. Si evita quello che succede nei paesi sottosviluppati, dove la forbice sociale – apprezzi la mia proprietà linguistica? – si allarga a ogni giro. Mi segui?».

L.: «Come no. Non mi pare l'invenzione del secolo sposare uno coi quattrini, ma la presenti bene. Congratulazioni!».

C.: «Allora non mi segui. Scusa, ma tu la recepisci come la soluzione individualistica, egoistica. Roba vecchia, te ne do atto. Ma io ti parlo di una moralità sociale, possibile nelle società avanzate. Lascia stare i paesi dove mille famiglie hanno tutto, e gli altri milioni fanno la fame. Non parlo di ricchi sfondati, quelli si sposano tra loro, è sempre andata così. Cenerentola non fa statistica. Io intendo i ceti medi, quelli che compongono l'ottanta per cento delle nostre società. Ci sono i ceti medi benestanti come mio marito che ha ereditato due case più svariati accessori, e quelli che non fanno la fame, ma di case in eredità per i figli manco una. Come nel caso mio. Ci sposiamo, o ci mettiamo insieme e facciamo una famiglia, uguale; ma delle due case facciamo una per uno. Poi vedremo quante ne lasceremo ai nostri figli, e loro si comporteranno di conseguenza, quando sarà il loro turno. Non lo trovi, come dire, socialdemocratico? Nel senso avanzato della parola, intendimi!».

L.: «Ma sorella! Trattengo a fatica un conato… s-o-c-i-a-l-d-e-m-o-c-r-a-t-i-c-o???!!! Termine più preistorico non potevi trovare! E Cristo, un po' d'amor proprio! Così t'aggiungi vent'anni, è come andare a dormire con pigiama e bigodini!».

C.: «Bellina tu, col chiodo nel naso!».

Trovate

«Passino i calciatori e le veline, se proprio ci devono essere, chi se ne frega!», accondiscende Trench. «Ma voglio che ci sia anche la nostra impronta, dev'essere una festa della bicicletta e non la puntata finale di Canzonissima, siete d'accordo?».

E chi non lo è. Ci vuole l'idea, però. Dobbiamo imparare dagli altri, spettacolarizzare tutto.

«Conoscete le trottole a pedali?» ci chiede a bruciapelo. Spiega di cosa si tratta: un aggeggio gigantesco che posa su ruote mosse da una dozzina di pedalatori posti lungo la circonferenza del veicolo, la cui direzione resta affidata a una sola persona. Se ne vedono in giro, nelle principali città europee.

«Perché si chiama trottola invece che trappola?».

«Il nome – prosegue saccentemente – è dovuto al fatto che, come il giocattolo, anche quest'affare muovendosi in avanti nello stesso tempo ruota su sé stesso, con un movimento che ricorda quello del pianeta terra sul proprio asse».

«Non t'allargare, Trench. Che di fisica non ci capisci un tubolare!» viene subito redarguito.

«Volpe nemmeno ci vuole più parlare con te, perché non sei laureato in Fisica» lo punzecchia Alvaro.

«Sutor, ne ultra crepidam!» gli ingiunge Formaggino, citando Apelle, lo scultore di Atene.

Quello non la capisce, ma reagisce bene, pavoneggiandosi nella sua tuta di lavoro amaranto, con la scritta *Mother Nature's Son* in oro.

«Avete un'idea di quale velocità può raggiungere una simile diavoleria? Ve l'immaginate che spasso prendere una domenica e andare al mare in gruppo senza spendere un centesimo di biglietto ferroviario o di benzina. Senza inquinare! La bicicletta si evolve, ragazzi. Diventa collettiva! Portiamone una in piazza, sono in contatto con una associazione di ciclisti svizzeri, possiamo chiedere di farcela recapitare per la nostra festa».

Segue animato dibattito. Da una parte gli entusiasti, che rilevano come il prototipo dimostra una volta di più che la bici è il mezzo del futuro, che permetterà all'umanità di muoversi senza attingere alle risorse ormai in esaurimento del pianeta.

«Altro che passatisti, come ironizza qualche deficiente che non sa di cosa parla, noi siamo i futuristi, le avanguardie del domani».

Dall'altra invece gli scettici, i razionali, quelli che non sanno farsi trascinare dai sogni e dall'immaginazione.

«Ma che strade ci vogliono per questi carri armati? Da quello che ho capito ingombrano quanto una corriera, e noi non riusciamo nemmeno a ottenere piste ciclabili larghe un metro e mezzo. Che invenzione è? Da circo! Da "scommettiamo che…?". Ma fatemi il favore…».

Oppure i tardo materialisti, quelli a cui la trottola ricorda più che altro le vecchie galere romane, mosse dalla fatica disumana di decine di schiavi vogatori, sorvegliati da gelidi centurioni armati di frusta, come i cronometristi controllavano i montatori alla catena, nelle fabbriche d'auto del secolo precedente.

Trench ha il suo bel da fare per replicare a tutte le contestazioni. Conta davvero di poter fare arrivare uno di questi aggeggi per il giorno della distribuzione popolare? Lui garantisce di sì, e che la sorpresa sarà enorme.

«Avete presente la folla di curiosi che s'accalca quando presentano, che ne so, una Ferrari nuova in piazza? Tutti la vorrebbero toccare, o salirci sopra…».

«Pure tu?».

«Io no!».

«Ah, meno male. Se no t'espellevo!» si rassicura Formaggino.

«Ma tanti sono curiosi della meccanica, non si deve per forza essere fanatici della velocità, e succederebbe lo stesso con il trottolone. Vedrete che successo!».

Madri di mici

La piazza è nostra! Non è più necessario rinserrarsi nel salone del palazzo comunale per la notte, e chi vuole può dormire nel proprio letto, basta garantire una presenza minima, tanto per dare un'occhiata alle biciclette. A suggellare la ritrovata normalità esistenziale concorre il curioso episodio di una signorina molto piacente, cliente del veterinario Asfalto, che, non trovandolo in ambulatorio, lo ha pescato lì, e gli sottopone i problemi di salute del suo splendido certosino. Invece di rimandarla a un altro giorno, in luogo più appropriato, Asfalto si occupa del caso, ispezionando le fauci del grazioso animaletto e ricoprendo di raccomandazioni la padroncina sul come curare la bestiola, che ha urgente bisogno di una iniezione. Chi potrebbe somministrarla? La signorina si confessa incapace di infilare l'ago nella pelosa epidermide di Astor e, procuratasi la fiala, si ripresenta risoluta a ottenere l'intervento del professionista. Io stessa aiuto a tenere fermo il micetto, mentre tutt'intorno si sghignazza e ci si stupisce della cortesia del grande capo, solitamente molto trattenuto e gelido, ma stranamente conciliante e servizievole in questo caso. Insomma, in più d'uno abbiamo l'impressione di assistere al prologo di un *affaire*. tra quei due, e non mancano gli apprezzamenti maschili sulla procacità della ragazza/signora, soda, tesa e liscia come la ruota di una bici da corsa gonfiata a nove atmosfere, la definisce Manubrio, che di biciclette se ne intende più di tutti.

«E allora abboccagliene una dozzina di centilitri anche alla padroncina, dottore!» incita Jumbo, il più esperto in accoppiamenti. E qui vi spiego l'antefatto.

Il tormentone risale a molti anni fa, quando lui e i suoi amici squattrinati erano soliti passare le serate in una fumosa sala d'essai in centro, dove per poche lire ti rivedevi pellicole già viste una mezza dozzina di volte, ma l'importante era partecipare. Di *C'era una volta il west* o *Goldfinger* la platea aveva memorizzato la sceneggiatura delle scene cruciali, e si divideva solo fra chi preferiva anticipare le battute degli attori e chi invece recitarle all'unisono. Qualcuno avvertì che uno sforzo creativo era opportuno, e cominciò a improvvisare sui dialoghi, finché anche queste esternazioni non divennero di repertorio. Fu qui che irruppe Jumbo, iniziando a commentare ad alta voce solo e soltanto ogni preludio a probabile scena libidinosa, imprimendo però – qui il colpo di genio – una cifra stilistica tutta sua, fatta di estemporanei incoraggiamenti al consumo carnale infarciti di contorti pronomi combinati distintamente scanditi. La leggenda vuole che esordisse alla visione di una fatale Ursula Andress spuntare in bianco bikini dalle onde dell'oceano indiano e dirigersi verso un flemmatico James Bond, immeritevole di tanta manna dal mare: di fronte all'irragionevole impassibilità britannica dell'agente 007 fu spontaneo per Jumbo, che era di cuore, spronarlo all'azione con un fragoroso richiamo «Forza Booond!», seguito da un tonante e sillabato «ab-ba-gna-sciu-ga-glie-la!» con acuto sull'ultima nota, prolungata. La platea maschile, semiparalizzata alla vista di tanto ben di Dio non condiviso, sciolse volentieri la tensione accumulata in una liberatoria risata collettiva che incoronò Jumbo come l'inarrivabile capogag del Quasimodo, a cui spettava da quel giorno la prima battuta, e dietro il quale si formò una gerarchia non scritta di seconde e terze file d'esecutori sul tema (il coro greco). Tutta una generazione si formò alla scuola delle sue argute, puntuali, estrose creazioni linguistiche, parte integrante e irrinunciabile – per quel pubblico – di famose scene cinematografiche; anzi, a molti pareva che esse ne cogliessero un registro artistico che gli sceneggiatori non avevano sottolineato a dovere. Indimenticabili l'incitamento prestato a un giovanotto alle prese con un'acerba Brigitte

Bardot: «Oh pischello! Ab-bar-dot-ta-glie-lo!»; l'invito al superamento dello scoglio razziale rivolto al nerboruto schiavo nero Mandingo davanti alle profferte di una scialacquina padroncina anglosassone, «Forza moro! Ab-bu-a-na-glie-ne!». E così via... «abbalalaikagliela!», James Bond, *Dalla Russia con amore*, il troppo cinico «abbarbituricaglielo!», strillato alla povera Marylin Monroe, più una serie di divagazioni gastronomiche a cui ricorrere se il cast o il plot sullo schermo non offrivano più nobili appigli: abbananàglielo, abbarbabietolagliene, anche con indicazioni di misura, abbaccèllagliene un quattr'etti; invenzioni meritevoli di qualche forma di riconoscimento dall'Accademia della Crusca, ma al povero Jumbo mancavano gli agganci (e il pedigree). Erano soprattutto i maschi, lo ripeto, a ridere sguaiatamente delle sue volgari trovate; pure noi studentesse di Lettere, però, trasalivamo, spiazzate dall'intrigante duttilità espressiva del pronome combinato.

MdB 9

C.: «Direi che esaurite le nostre chiacchiere di donnette possiamo tornare alla carica del jeppone».

L.: «L'ultima curiosità, dai. È il tuo desiderio di giustizia che te lo fa fare? O che cosa?».

C.: «Quanto spazio occupi tu quando vai in facoltà in bicicletta? Diciamo un metro cubo?».

L.: «E che sono? Una nana?».

C.: «Diciamo due. Con la bici. Non sono brava a calcolare, ma nemmeno tu. Resta che ti muovi nelle stradine del centro occupando una porzione minima di spazio, limitandoti a una quota essenziale per ciascuna persona. Lo stronzo che ti passa accanto col jeppone, oltre a avvelenarti, rischiare di travolgerti, surriscaldare l'ambiente e incidere sulla bilancia dei pagamenti con l'estero, occupa uno spazio pari a venti volte il tuo. Con quale diritto? Con quanta arroganza? Tu vali forse meno di lui? Giurerei di no, eppure quello ruba il tuo spazio, sistematicamente: in lunghezza, larghezza, altezza. Vuoi continuare a stare zitta? Evidentemente no, se sei qui. Per me è lo stesso».

L.: «Stavolta mì sei piaciuta davvero, sorella. L'hai detto bene: ridateci i metri cubi che ci avete fregato! Lo sai chi odio più di tutti? Quelli che ti si affiancano o ti strombazzano perché tu ti accorga di loro, e poi, se non sei già per terra, ti fanno le proposte. Hai presente?».

C.: «Mi sa che mi succede meno spesso che a te…».

L.: «Ti fanno – ma dove vai, bellezza? – In bicicletta – gli rispondo – e tu, schifezza? In automobile, che ti venga un cancro. Levati dalle palle!».

C.: «Dio mio, Larissa… A te ti ci vuole la scorta!».
L.: «Grazie, mi difendo da sola».

La fatal «corveè»

Dei cruciali avvenimenti della notte seguente non sono stata testimone diretta, essendo altrove impegnata. La versione che ne do poggia sulla ricostruzione dei due ciclisti presenti e del professor Spinotti, sui verbali di polizia, sulle cronache giornalistiche, nonché su supposizioni che più tardi siamo stati in grado di avanzare in base a conoscenze più riservate.

Verso le cinque del mattino la Centrale dei carabinieri riceve una telefonata anonima che avverte della presenza di un misterioso pacco, dal quale escono dei fili elettrici, davanti al bandone di una multinazionale a poche decine di passi dal comune. Vengono allertati i due militari di guardia nella camionetta, che abbandonano il posto in piazza e ci si dirigono. Appena lontani, e qui fa testo la testimonianza dello Spinotti, rimasto anche quella notte in palazzo comunale, spunta improvvisamente, dall'altro lato della piazza rispetto al quale si sono allontanati i poliziotti, una grossa auto del genere jeep, che, a luci spente, si dirige a forte andatura verso il centro della piazza, e abbatte le prime file di biciclette, meticolosamente predisposte nel pomeriggio precedente. Il professore, affacciato a godersi la tenebrosa quiete notturna, rileva che l'operazione viene condotta con maestria e precisione militare, rimanendone, a dire il vero, più ammirato che scandalizzato. Come castelli di carte assemblati da giocatori maldestri, le biciclette rovinano a terra una sopra l'altra sotto l'azione dei pirati battistrada, a cui basta urtare con il paraurti le ruote anteriori delle prime posizionate di ogni fila. Due auto che seguono, una delle quali di dimensioni mostruose, un ibrido di carro armato verniciato di giallo, procedono sistematicamente allo schiacciamento di quei poveri mezzi abbattuti, accanendosi con alcune di loro, più sfortunate o recalcitranti o resistenti, con indicibile ferocia. Lo sconquasso metallico riecheggia avanguardistici esperimenti di musica contemporanea: ululati di raggi e cerchioni accartocciati, strilli di campanelli sventrati, squarci di pneumatici scoppiati. Il tutto dominato dal ruggito dei potenti mezzi balzellanti e delle marce tirate. Da una delle grosse auto escono due individui, che, calzato sul capo un passamontagna, si pongono a una decina di metri dall'ammasso di biciclette e da una sacca estraggono qualcosa che al momento in cui vengono scagliate il professore realizza trattarsi di bottiglie incendiarie. Schiantano al suolo provocando una esplosione fragorosa e abbacinante, che da origine a un falò alimentato velocemente dalle gomme e dai sellini delle biciclette, fino a propagarsi ai poveri telai arrugginiti. Dove siano i nostri alfieri non è dato sapere; loro sostengono di avere provato a opporsi a tanta devastazione, ma lo Spinotti nelle sue memorie non ne fa cenno; probabile che si siano rimpiattati dietro la fontana, d'altra parte l'offensiva degli sconosciuti razziatori dimostra una tale preparazione, e un tale livello di fuoco, che non ci si sorprende che ne siano restati totalmente annichiliti. Passano non più di due o tre minuti dall'inizio della *corveè* che quelli sono già lesti a rimontare sul loro mezzo e allontanarsi, sempre a fari spenti, dalla piazza. Da dove sono venuti, e per dove le altre macchine si sono già dileguate.

MdB 10

C.: «Luce spenta. Ottimo».

L.: «Non abbiamo più scuse…».

C.: «Da questo momento non parliamo più. Di notte due persone che parlano sotto una finestra svegliano un condominio».

L.: «Sì, ma io faccio il palo, va bene?».

C.: «Per questa volta, sì. Ma la prossima volta tocca a te, quindi stai anche a guardare come si fa».

L.: «Fai veloce!».

C.: «La gattina frettolosa…».

L.: «A posto?».

C.: «Via! Parliamo dopo».

Fuga triviale

«Hai visto com'è stato facile? Di cosa avevi paura, coniglio?».

«Cristo, che fiamme. Alte due metri. Impressionante!».

«Sì, ma impressionante bello, fighissimo!».

«Ehi, attento alla moto, ci viene addosso! Hai ancora i fari spenti, accendili!».

«Figlio di puttana, mi vedi bene ora?».

«T'ha pure visto bene in faccia, però».

«Sai che me ne frega? Che si faccia i cazzi suoi, se non vuole casini. Vuoi sapere una cosa? Io non mi sono mai gasato tanto come stasera, ti danno un'emozione quelle fiamme, proprio lingue di fuoco, eh? I colori... Rosse gialle blu. Io mi faccio piromane. Vaffanculo che ho cominciato tardi, ma mi rifaccio, stai sicuro...».

«Vai piano, ci sono le macchine fotografiche fra poco. Non è il caso di lasciare la firma».

«Ho voglia di urlare, tu no? Dai grida anche tu, scaricati! E dai, rompiballe, palla al piede, sfogati! Sfigato, sfogati, sfigato, sfogati. Sfogati sfogati sfogati, sfigato, sfogatiiii! Guarda che non ti ci porto più sulla Mitsu, eh? Hai visto che forza? Dì la verità, mi subisci, eh? Mi subisci, sì o no?».

«Ma vai a cacare!».

«La prossima volta che ci facciamo? Motorini? Cassonetti? Che dici?».

«Ascensori?».

«Ora sì che mi piaci, Masini. Con un po' di culo si brucia un palazzo! Hai qualche stronzo da punire? Gli bruciamo la casa, dai! Ti viene in mente qualcuno?».

«Ma dove sono gli altri?».

«E saranno più avanti, no? Sono partiti un paio di minuti buoni prima di noi».

«Cosa si fa con la stronzetta?».

«Come prima cosa ce la ripassiamo tutti. Stanotte sono senza freni, mi tolgo tutte le peggio voglie, piromane e sadico, ecco il volto segreto del Mugnaini, tremate gente di merda che vi rigirate tra le lenzuola, è nato il mostro del secolo…».

«Non facciamo cazzate con la stronzetta, quella è il tipo che ci denuncia».

«Ma sei cretino? Secondo te io la lascio viva?».

«Ma vaffanculo, cosa sei, un assassino?».

«Non c'è scelta».

«Ne hai ammazzata parecchia di gente tu, in vita tua? Io nessuno!».

«Tutto si impara. E cazzo, vuoi fare l'Arredo Bagni per tutta la vita? Qualche diversivo ci vuole. O vuoi fare la fine di quel coglione di tuo fratello? Che di giorno lavora e di notte si fa della peggiore merda, vuoi finire così? Facciamoci un paio di giri a testa con la troietta, non è neanche male, poi se respira ancora la narcotizziamo, la montiamo in macchina, in cinque ore siamo in Slovenia, o in Croazia o qualche altro posto di merda, la spogliamo, non le lasciamo addosso nessun segno di identificazione…».

«E poi?».

«La buttiamo in mare, da qualche montagna. Chi cazzo vuoi che vada a pensare a un'italiana. Una puttana dell'est, fatta fuori come cento altre puttane… Ma porca troia!».

«Che c'è?».

«Lo sai che abbiamo dietro quella testa di cazzo con la moto?».

«Ma che figlio di puttana! Dai, accellera! Prendi su per il viale».

«Ci viene dietro!».

«Dai gas!».

«Ci sono i carabinieri…».

«Quelli stanno fissi lì, di noi se ne fregano. Sono la scorta di qualche stronzo. Tu resta sul viale, non t'infilare in stradine, che con la moto lo stronzo è più veloce…».

«Vado avanti? E ora? Dove cazzo vado??? Ce l'abbiamo dietro!».

«Riscendi giù, andiamo a prendere l'autostrada. Sull'autostrada lo seminiamo…».

«Che cazzo di moto è, veloce?».

«Niente, una cacata! Basta arrivare all'autostrada, ce l'hai il telepass, no?».

«La legge la targa?».

«Penso di no. Attento a questa curva! rallenta!».

«Puttana!».

«Gira! gira! Non così, stronzo! attento, attento!».

«Ahhh!».

Prima che i carabinieri siano di ritorno, dalla stessa direzione di fuga degli attentatori compare invece una moto: s'arresta appena in piazza. Il centauro dà tutt'intorno una rapida occhiata e poi, con brusca manovra, inverte la direzione e sgassa furiosamente, il rombo del motore quasi impallidendo le statue, che pure dalla loggia troppe ne hanno viste nel corso dei secoli e alla follia umana sono avvezze.

«Hai riconosciuto chi era?» chiede Alvaro al compagno notturno che ha di fianco. Il quale, troppo terrorizzato per qualsiasi domanda o risposta, fissa vitreo lo spettacolo pirotecnico. L'impressione di Alvaro, e dello Spinotti, che dalla finestra aveva una panoramica più completa, è che il motociclista si sia posto all'inseguimento del Suv, che deve per forza aver incrociato subito prima di affacciarsi in piazza.

Le testimonianze raccolte, il giornalaio di via Berrettini che sta aprendo l'edicola, un metronotte in bicicletta, un taxista che incrocia sul ponte Vespucci, confermano l'interpretazione del professore. Le auto, o almeno una di quante hanno partecipato alla spedizione, imboccano i viali alberati che salgono al punto panoramico più celebrato della città. Qui passa davanti a una Punto dei carabinieri, fissi davanti all'abitazione di un magistrato, che non fanno in tempo ad avvertire la Centrale che si vedono sfrecciare davanti una moto con una sola persona a bordo che taglia le curve tondeggianti come se si trattasse di un circuito di corsa, invece che di un placido viale a doppio senso. Alla stessa scena assistono più avanti alcuni studenti americani che stanno tornando a piedi al campeggio, in cima alla collina, dopo una notte di baldoria. Inneggiano al motociclista, incitandolo al ricongiungimento con le auto che lo precedono. Pare davvero – ripeteranno più tardi – uno di quei film (americani) nei quali una scena d'inseguimento per le strade della città è d'obbligo, (come una di sesso e una di buoni sentimenti), altrimenti il produttore non apre i cordoni della borsa. La loro testimonianza resta comunque importante, al di là dello stato di lucidità mentale in cui versano al momento del fattaccio, perché sono i primi ad accorrere sul luogo dell'incidente, avvenuto due tornanti sotto la loro postazione. Lo schianto deve essere stato agghiacciante, perché mette d'un colpo fine ai loro schiamazzi e berci sguaiati. Passati alcuni secondi, non notando niente di strano nel raggio visivo, si convingono che dev'essere sopraggiunto dalla loro sinistra, e deve per forza avere a che fare con l'inseguimento al quale hanno appena assistito. Si dirigono in quella direzione, un paio di loro correndo, gli altri barcollando e reggendosi a vicenda. Una delle ragazze si butta per terra, e non vuole più saperne di muoversi: per un attimo le balena alla mente la scena di un incidente (fenomeno di *shining*?) e tutto quel sangue fottuto, ripete, tutto quel sangue di quei due poveri ragazzi... Per l'alta velocità e la probabile presenza di liquidi sull'asfalto, l'autista in curva deve aver perso il controllo del macchinone, che, girando su sé stesso, finisce per impattare con la fiancata sinistra contro un platano a bordo strada. Di questi alberi si dice siano tutti malati, ma di quello non si direbbe, a vedere come ha compresso l'automezzo, riducendolo in tre segmenti, davanti e dietro pressoché intatti, ma schiacciandone il corpo centrale. Sangue ce n'è davvero tanto, i ragazzi americani ne hanno le scarpe intrise mentre girano inebetiti intorno all'auto, capaci appena di gridare «Oh, God! My God!». Scorgono appena, per un attimo, alcune decine di metri più avanti, la sagoma del motociclista che fermo, a cavalcioni della moto, sta facendo qualcosa che non comprendono, prima di ripartire con un grintoso colpo di gas. Secondo la polizia, non so se crederlo o meno, il centauro, senza scendere di moto, avrebbe orinato: il liquido viene raccolto dalla scientifica, forse nella speranza di risalire al dna del motociclista. Ma i giornali poi non ne faranno menzione alcuna.

Vittime?

Chi di noi, al mattino, giunge in piazza ancora ignaro di tutto, stramazza alla visione di quel campo di battaglia e dei poveri resti di decine di biciclette sfasciate e bruciate. Qualcuno aveva scaricato quella *Broken Bicycles*. di Tom Waits, e le note si spandono strazianti per la piazza, come un canto funebre. Inevitabile rituale di scambio di accuse, al nostro interno (non potevamo restare in un certo numero a fare la guardia?), e dall'esterno contro di noi. Non si capisce bene perché, ci sono personaggi che hanno in odio le biciclette, e quella sembra la mattina per imputare loro metà delle disgrazie del genere umano. Sputasentenze vari fanno sì che i diversi pregiudizi si arrocchino, dall'una e dall'altra parte, ma pure ogni tentativo di definire quali siano le parti in causa pare un inconcludente esercizio giornalistico. Ambientalisti contro non ambientalisti, ciclisti contro automobilisti, nostalgici (noi) o conservatori (sempre noi?) contro modernisti e tecnologici. In buona parte, declamate così, vere sciocchezze.

Rimane che non ci sono solo le biciclette in fumo; c'è scappato il morto (e un moribondo). Di chi la colpa? Appare probabile che il raid piromane e l'incidente stradale siano da mettere in relazione; ma, stando così le cose, ciclisti e gruppi d'opinione a loro vicini rilevano che se è successa una terribile tragedia, quelli se la sono andata a cercare. Qualcuno ipotizza che abbiano agito sotto l'effetto di eccitanti, dato confermato dalle analisi nei giorni successivi. Pace all'anima sua, e auguri al convalescente, ma, insomma, i ciclisti non devono in nessun modo nutrire il minimo rimorso per quanto successo; la loro iniziativa non voleva ledere alcuno, anzi.

Rimane incomprensibile il movente che ha spinto queste persone che i giornali chiamano giovani, ma l'anagrafe registra che si tratta di ultratrentenni, di buona cultura, con incarichi di responsabilità in aziende familiari, a meditare e mettere in opera un'azione così violenta, a rischio della loro stessa incolumità, o comunque suscettibile di ripercussioni giudiziarie. È stata la bravata di una compagnia, o l'operazione di un gruppo organizzato? Dalle biografie ricostruite dai giornali non emerge che i due abbiano a che fare con gruppi eversivi di qualsiasi natura, meno che mai di matrice politica; allo stadio siedono in tribuna, estranei a turbolenze proprie della curva. Fidanzati. Sposi promessi. Se hanno voglia di una scorribanda è più facile figurarseli coinvolti in gare di velocità notturne; nondimeno risultano sconosciuti al sottobosco delle scommesse clandestine. Il vizio delle puttane, sì, quello ce l'hanno, ce l'avevano, i giornali per qualche giorno centellinano ai lettori racconti anonimi di sedicenti amici, che quando vogliono spararla grossa confidano a un giornalista del loro vizietto, che andavano, o erano andati, con i travestiti; sì, ma insomma, perché prendersela tanto con le biciclette?

MdB 11

L.: «Il pirolino? È entrato bene?».

C.: «Direi di sì. Se vuoi si può passare dopo a dare un'occhiata… Oh, merda! Lo sai che abbiamo dimenticato?».

L.: «Il volantino! Scusa, è colpa mia, m'è proprio passato di mente. È importante?».

C.: «Tu che dici?».

L.: «Sì, lo so. È la rivendicazione. A parte che ormai lo sanno… Se si ritrovano una gomma a terra è opera delle cicliste incazzate».

C.: «Se il gommista glielo dice che ha trovato un adattatore di pompa da bicicletta infilato nella valvola…, però, le motivazioni in questo modo…».

L.: «Dai, il pirolino è la nostra firma!».

C.: «Tu scherza che un giorno non ci beccano tutte mentre ne compriamo qualche dozzina all'Universal Sport!».

L.: «Ma non ci sarebbe un altro sistema?».

C.: «Ho sentito dire che ad Amsterdam infilano un grumo di sale nella valvola… Ma non so come funziona».

L.: «Una coltellata e via? Non sarebbe più rapido? Zac! Un colpo solo!».

C.: «Guarda che all'atto pratico non dev'essere mica così pacifico tirare una coltellata come si deve…, anche se è uno pneumatico hai in mano un'arma. Io non la voglio. Poi scatta la denuncia per danneggiamenti. Allora sì che si va nel penale. E nei casini».

L.: «Va bene, abbiamo fatto 30, facciamo 31. Piazziamo il volantino. È un attimo. Anzi, siccome è colpa mia che me lo sono dimenticata ci torno io, da sola. È inutile rischiare in due!».

C.: «Condivido, e poi domani mattina mi alzo presto. Alzi il tergicristalli, infili il volantino e te la teli. Dove vai dopo?».

L.: «Dal mio amante segreto».

C.: «Che fortunata. A me tocca la guerra delle coperte con un marito. Ci s'avvolge, il debosciato!».

L.: «A me m'aspetta invece una mansarda, senza riscaldamento!».

C.: «Che romantico! Beata te. In bocca al lupo!».

L.: «Crepi».

Schegge

Quello stesso giovedì mattina, ad accrescere lo scoramento, veniamo a sapere di Sergino: ha letteralmente perso la testa, è il commento di tutti! E io li correggo: no, è stato conseguente, quello che a me rimprovera di non essere. M'ero sorpresa nel vederlo così chiuso, impenetrabile, durante il giro in autostrada, lui che con me di solito cerca contatto. Sono la sua Pata Pata, mi vuole bene. È vero che nella ultima e-mail c'era andato giù pesante… Non sempre lo ascolto con la stessa disponibilità, a volte mi mette a disagio quella insoddisfazione cronica per tutto ciò che non va, e le cose che non vanno sono troppe, Sergino. Se te le accolli tutte addosso, finisce che scoppi. Te lo dice una che sente come te, anch'io so fare il pieno d'ira, che credi? Ma qualche volta mi scarico, e mi dispiace per chi ne fa le spese, il più delle volte non c'entra. Pensi che non l'abbia notato l'obbrobrio di grattacielo color aranciata Fanta che hanno tirato su nella periferia ovest? L'abbiamo visto tutti, da quel cavalcavia, durante il giro. Una volta, tornando dal mare, valicato l'ultimo colle, sapevi subito che stavi per entrare nella tua città, il cupolone in fondo alla pianura ti diceva che eri arrivato. Quello è il simbolo della nostra storia, ed era bello che svettasse sopra tutti i tetti. Adesso non si vede più, sono riusciti a toglierci anche questa poesia, la prospettiva è limitata da quella schifezza rosarancio con la scritta Hotel International di sbieco. Così tu, alla fine del giro, invece di venire in piazza, sei andato a farti giustizia. Lo capisco. Non dico che tutto il nuovo sia da buttare. Però ci dovrebbe essere un limite alla bruttezza: una volta terminata l'opera, si abbia il coraggio di guardarla con un po' di distacco, senza pregiudizi; se buongusto, ambiente, armonia ne rimangono offesi, la si rada al suolo. Che intervenga un'authority, una commissione di uomini giusti (a maggioranza femminile, che già che c'è riformi pure questa lingua) e si provveda al ripristino della condizione precedente. Se così non è, poi non venite a lamentarvi se in certe periferie alligna la violenza e si susseguono gli stupri. Lo capite che ci può salvare solo il bello? Se non siamo più in grado di produrne, stiamo fermi un giro. Erano questi anche i tuoi pensieri, vero? Quelli che ti frullavano per la testa quando sei salito in cima sul tetto, con mazza e scalpello, e hai preso a scalzare il cemento? Quando sono venuti a tirarti via hai minacciato di buttarti di sotto, se avanzavano d'un solo metro. E intanto continuavi a scassare. Ben fatto. Una cosa: non li avevi fatti un paio di conti? Non ti sei chiesto quanto tempo ti ci sarebbe voluto, da solo? Come pensavi di farcela, pazzoide? Un'altra volta, se ti piglia la stessa follia, chiama anche me. In due si fa prima. E se vuol venire l'amico artificiere, chiama anche lui, facciamo un bel botto. Magari sarà la cosa più giusta che avremo fatto in vita nostra.

Indossata la faccia scura che gli viene meglio, l'assessore si presenta prima del solito al raduno in piazza: s'è sentito con il sindaco, che anticiperà il ritorno dalla Cina, e col quale hanno comunque convenuto che la distribuzione delle biciclette alla cittadinanza per forza di cose e di decenza dovrà essere annullata. Provvedimento che a quel punto ognuno di noi si aspettava. D'altra parte il movimento, dopo prove di grande impegno e di disponibilità individuale, ai quei tragici fatti si è come richiuso in sé stesso, sopraffatto dagli avvenimenti, bisognoso di tirare il fiato e recuperare le forze, prima di nuove battaglie che appaiono nello sbandamento di questa giornata indefinibili e incongrue. Per tutta la mattinata abbiamo cercato di entrare in contatto con Asfalto, ma senza successo: non risponde al cellulare, né al numero di casa o dell'ambulatorio. Assente lui, assente Arena, poco disponibili gli altri, la mancanza di qualcuno capace di tirare le fila del gruppo si fa terribilmente sentire; prende campo, nei rapporti giornalistici e di rappresentanza, la figura poco amata del Colonnello. Il che contribuisce alla disintegrazione di quello spirito solidaristico e guascone che bene aveva cementato nei giorni addietro personaggi così diversi tra loro.

Colonnello

Nel frattempo ho saputo qualcosa di più sul Colonnello. Primo, lo chiamano così perché è figlio di un generale. Che ci fosse qualcosa di militare nel suo dna mi era parso plausibile fin dal primo momento. È molto alto, di portamento eretto e indossa con inarrivabile aplomb un lungo impermeabile di foggia militare. Sarebbe ideale per la parte del generale Montgomery in un film sullo sbarco in Normandia, meno che nella scena dove si decide di salvare il soldato Ryan, di cui non gliene potrebbe fregare di meno. Non uno di quei lungagnoni algidi che ti guardano con disprezzo dall'alto in basso; non ti vede proprio: il suo sguardo passa oltre, 20, 30 centimetri al di sopra della tua testa, lasciandosi dietro una corrente d'aria fredda. Per quanto detto finora, non varrebbe nemmeno queste poche righe personalizzate che gli dedico. Ma c'è dell'altro. Per tutti questi giorni che siamo stati insieme, è stato seguito come un'ombra da un ragazzino di colore, che mi dicono sia suo figlio. Non sono riuscita a sapere niente della madre, mi sono persuasa che non ci sia, anche dal modo in cui il ragazzo pare stringersi virtualmente al padre. Il Colonnello non è tipo da effusioni corporali, non ho mai visto che lo carezzasse o lo tenesse per mano. Ma quando ci parla, il che succede due o tre volte al giorno, mi sono accorta che si piega sulle ginocchia e lo guarda intensamente negli occhi, restando a covaccioni per tutto il tempo che la conversazione richiede. E questa attenzione, accompagnata da un gesto di umiltà così sorprendente in quella figura tanto impietrita, me lo rivaluta, e mi fa curiosa di lui, e della sua storia. Che di certo non mi verrà mai a raccontare. Isolante.

A ruota libera

Strozzata dalla mia malinconia, provo a rievocare e godermi di nuovo l'allegria e la leggerezza della nostra pedalata in autostrada, solo ventiquattr'ore prima. Non vi ho ancora raccontato un fatto buffo che è successo: a un certo punto Patrizio se n'è uscito con una filastrocca esilarante, a sfottò di Asfalto. Provo a trascriverla, così come me la ricordo. Va cantata sull'aria di «la chiamavano bocca di rosa, metteva l'amore metteva l'amore…».

> Lo chiamavano veterinario, curava le mucche
>   curava le vacche.
> Lo chiamavano a ogni orario,
>   per il controllo delle cacche.
> Appena sceso dalla bici, nel paesino di San Vicario,
> tutti s'accorsero con uno sguardo,
>   d'aver sbagliato veterinario.
> C'è chi a lavoro ci va con l'Audi,
> chi con la Vespa o il furgone,
> il veterinario né l'uno né l'altro,
> lui ci arrivava col fiatone.
> Zumpa. Zumpa. Zumpappà. (rip.)

Come ce la ridiamo, il grande capo e valente ciclista sfottuto nella sua seconda o prima identità di compìto professionista e funzionario delle Asl. Certo, l'Asfalto dà mostra di avere ben assorbito il colpo, un gioco innocente e giustamente irriverente: se ti sei creata quella situazione di leadership devi almeno sopportare gli strali della satira. Ma non è finita lì, perché uno non è leader a caso: sarà passato nemmeno un minuto da quella sortita di Patrizio, che un Asfalto sornione e scafato s'è già preparato la ribattuta e togliendo le mani dal manubrio comincia a declamare sull'aria del *Pescatore* (era la giornata deandreiana) lì dove si canta «all'ombra dell'ultimo sole, s'era assopito un pescatore...»:

Se a starmi dietro tu ti sfianchi,
per quanto arranchi non m'affianchi,
se a starmi dietro tu ti schianti,
non dar la colpa alla tua Bianchi.
Sarà piuttosto una cistite,
sarà l'abuso di acquavite,
io ti diagnostico un malaccio,
non hai più forza nel polpaccio.
Lalalalalalala….

È l'apoteosi. Il colpo è reso con tanto di interessi: Asfalto è sceso sul campo dell'avversario, uscendone con tutti gli onori e unanime valutazione di pari merito. Sulla scia della singolar tenzone altri si cimentano nell'impresa di costruire strofette spiritose, per lo più dedicate alle impreviste nuove compagne di viaggio sulle quali ci muoviamo. Posso farvi sentire la mia? Non è troppo male, a Manubrio è piaciuta moltissimo. Sempre su «bocca di rosa», ma la scrivo di seguito, fedele al mio understatement: «la mia bici è un po' appiccicosa, pare secerna una strana mucosa, mi fa pensare piuttosto a una biscia, invece di scorrere, per terra striscia». Sì, la mia scelta non era stata delle più felici, ma sapete com'è, non volevo apparire presuntuosa o piccolo borghese a scegliere una bici più figa. Per cui mi sono assegnata un catorcio. Vi è piaciuta la poesiola? La più bella resta quella di Alvaro, me la sono fatta ripetere per essere certa di non sbagliare:

La mia bici è assai permalosa,
mette la bocca sopra ogni cosa.
S'irrigidisce diventa paonazza,
se dietro un cretino ci strombazza!
Quando s'adira, lei grida idiota
se a farci il pelo è una Toyota.
E strilla stronza, infame immonda
se sotto il naso ci sgassa un'Honda!

Non so come la vedete voi, se siete ciclofili – come m'immagino – oppure dell'altra sponda. In ogni modo dovete riconoscere che quelli di Nouvelle Velo di numeri ne avrebbero da vendere. Pure della nostra intelligenza siamo disposti a farne dono, senza attenderci altro ritorno che la vostra riconoscenza; siamo gli individualisti più altruisti della città, e concepiamo il benessere collettivo come una pregiudiziale obbligata del nostro star bene; ci facciamo stoicamente carico dei mali del genere umano, nel mentre indichiamo una via di salvezza al pianeta. Se tutto questo è vero, mi spiegate perché nessuno si interessa alle nostre ricette? Detta in altre parole, perché subiamo tante batoste, se siamo così rispettosi delle regole?

A fine mattinata Asfalto appare in piazza, in compagnia della sua paziente (ma senza gatto, e anche senza trucco. Che non abbia dormito a casa sua? Spettegola qualcuno). Sa già tutto, non si capisce da chi sia stato informato e quando. S'interessa soprattutto ad aspetti logistici: che cosa sarebbe successo alle biciclette, dove e come sarebbero state dislocate in attesa di nuove decisioni e se qualcuno ha proposte diverse da riportarle tutte lì da dove vengono, cosa che a nessuno garba. Ci informa anche, dopo qualche minuto, della sua convocazione notturna dai carabinieri come presunta persona a conoscenza dei fatti.

«Del falò o dell'incidente?» gli chiede ingenuamente Manubrio, e lui risponde piccato che dobbiamo smetterla, almeno noi, di continuare a mettere in relazione vicende che, dal nostro punto di vista, non sono ricollegabili.

«L'incidente non ci riguarda. Attenzione a non farci mettere nel mezzo, nemmeno in una logica di causa ed effetto. Vogliono buttarci del fango addosso, non ci facciamo fregare».

E monta su tutte le furie allorché una giornalista di una televisione locale, che non s'era mai interessata alle tematiche portate avanti da Nouvelle Velo, gli chiede se per caso non conoscesse le due persone rimaste coinvolte nell'incidente, o se non avesse mai in passato ricevuto minacce di alcun tipo, lui personalmente o come organizzazione.

Io intanto mi guardo intorno, sperando di vedere Larissa.

D'un tratto il cielo si fa più scuro e in molti pensiamo a un ispessimento della nuvoletta immonda che da due giorni si alza e abbassa, ora più tenue, ora più densa, sulle nostre teste. Nell'ora più calda poi, all'inizio del pomeriggio, una nebbia improvvisa, incomprensibile e inquietante cala velocemente sulla città, e soffonde di malinconia padana le nostre anime già scosse e vilipese. Un surriscaldamento dell'aria, un innalzamento improvviso della temperatura, i prodromi di una catastrofe, l'annuncio di un terremoto. Ognuno la interpreta a suo modo, sulla base di conoscenze scientifiche approssimative oppure di cupe dottrine escatologiche, ma rifuggendo, per una volta, la presunzione di veramente conoscere, capire, spiegare un evento che tutti ci precipita in uno stato di precarietà e impotenza. I creativi appiattiscono, i buontemponi intristiscono, i razionali ammutoliscono, è tutto uno sdrucciolìo. Solo un cane randagio va e viene per la piazza, latrando in modo straziante.

Scombussolato più degli altri, Trench vaga di capannello in capannello, mostrando in giro un messaggino di Volpe, il compagno di un tempo, ora convertito al nucleare; l'sms arriva in risposta a un saluto affettuoso, di riconciliazione, una mano tesa verso l'amico, in cui Trench, tanto per chiudere, chiedeva pure un commento sugli avvenimenti del giorno. Sul display lampeggia la gelida risposta: «eccesso attività entropica». Neanche firmato. Nemmeno con una V. Quelli di noi che sanno la storia gli consigliano di farsene una ragione; di accettare che Volpe è su un altro binario, oramai. Poi, così com'è venuta, la nebbia dirada, i palazzi esibiscono di nuovo i loro contorni, il cielo sfodera certe sue nudità blu. Io, nello stato di fragilità psicologica di quelle ore, quasi mi commuovo, alla vista di misteriose geometrie disegnate nel cielo da sottili striature biancastre. Le addito a Fosco, come un prodigio della natura. Lui compatisce la mia dabbenaggine.

«Sognatrice, quelle sono scie chimiche. Schifezze espulse dagli aerei pattumiera».

Allora deglutisco, per riprendere fiato; dopo di che lo esorto ad andare a fanculo.

Dichiarazione

Fulmine è febbricitante, farfuglia lamentose giaculatorie del genere: «Per la carcassa di una vecchia bicicletta da donna…!».

Asfalto lo visita sommariamente, raccomandandogli di recarsi al Pronto Soccorso; nelle stesse ore è scoppiata l'ennesima emergenza sanitaria dovuta alle punture di stramaledette zanzare, nuove specie spuntano come funghi, e alcuni giornali titolano, con l'allarmismo di chi la spara grossa per vendere qualche miserabile copia in più, *Casi di Dengue in città*.

«Dengue? Non direi» commenta Asfalto analizzando le palpebre di Fulmine. «Mi paiono più sintomi da febbre gialla!».

Ignoriamo se la diagnosi debba tranquillizzarci o meno. Per Asfalto sì: il contagio da uomo a uomo non è ipotizzabile. Nessuno dei timorosi pare comunque rinfrancato. Il Colonnello, che viaggia a un'altra frequenza, insiste per evacuare le biciclette in un posto nostro, e proseguire nel progetto da soli, senza fanfare e fasce tricolori.

«Non abbiamo bisogno di nessuno; siamo arrivati a questo punto con le nostre forze, e come logico appena il gioco si fa duro i politici tagliano la corda. Benissimo. In qualche modo alla fine ci avrebbero fregati comunque. Ma vi rendete conto? Le veline, volevano portare! I calciatori miliardari, magari la sponsorizzazione della Mercedes, perché no? Qualcuno dovrebbe spiegare all'Associazione i motivi di certe scelte, passate sopra la testa di tutti, in base ad accordi personali con questo o con quello…».

È l'ennesimo attacco alla leadership di Asfalto, verso il quale, a quelle parole, ognuno si volta. Ma lui confabula con la sua bella, e non sente, o fa finta. La vostra cronista staziona vicino alla coppia, e, ravvisata nella voce di Asfalto una cadenza insolitamente sciroppposa, tende gli orecchi e coglie parte della loro conversazione.

«Tanti anni fa – racconta lui – eravamo in salotto, io sfogliavo un giornaletto, i miei guardavano la tv. Doveva essere il Festivalbar, o qualcosa del genere, c'erano dei cantanti. A un certo punto annunciarono una francese, si chiamava Francoise Hardy, e io ne rimasi folgorato. All'istante. Avrò avuto dieci anni, per me le femmine erano quelle che quando giochi a calcio coi tuoi amici rivogliono la palla per giocare loro a pallavolo. Ma quella volta non mi riuscì di staccare gli occhi di dosso da quella creatura per tutta la canzone. Il pasticcio è che mentre la guardavo lo stomaco mi mandava dei segnali sconosciuti, misteriosi spasmi mi comprimevano il ventre, e precipitai nel panico più totale quando mi accorsi che le mutande mi strizzavano al cavallo! Diedi la colpa alla lavatrice di mia madre. Avevo sentito che non funzionava più bene. Poi la canzone finì, le mutande si riallargarono, respirai, mi tranquillizzai. Ma qualcosa dovevo avere intuito: infatti mi giurai che se un giorno avessi incontrato quella cantante, di sicuro l'avrei sposata!».

L'amica di Asfalto ascolta il racconto dapprima divertita, poi vagamente turbata, alla fine annaspando vistosamente. Cerca un punto d'appoggio che la piazza non le offre; semistrozzata da una cospicua deglutizione vuole sapere perché proprio a lei abbia raccontato quella storia, così tenera e buffa.

«Vedi, Giada – le sorride Asfalto – a te manca l'erre moscia, ma per il resto quella sei tu».

«Pardon?!?». Lapsus freudiano della signorina.

«Proprio tu. Sputata identica. L'ho pensato subito. Dal primo momento che sei entrata nel mio studio» insiste il capo, implacabile.

«Io, sputata? Ma che carino!» farfuglia. A me una sedia, sembra implorare.

«Davvero. Spiccicata!» conferma lui.

«Non bastava sputata, pure spiaccicata?». È proprio nel pallone, intende fischi per fiaschi: «Sempre meglio! Ma che corteggiatore mi sono trovata!».

Sì, sì, faccia pure la sostenuta, penso fra di me, nascondendo alla loro vista la mia espressione divertita. Ma l'affondo è di quelli che lasciano il segno. Non si provi a negarlo, signorina Giada.

Mollette

Più tardi, quasi per caso, Asfalto entra in argomento e risponde indirettamente alle critiche che gli sono state mosse, chiarendo la sua posizione. Anche quella volta ho la fortuna di essergli vicino e di non perdermi nemmeno una parola; sarebbe imperdonabile, visto l'impegno che mi sono assunta di redigere queste note. Quello per me resta il suo intervento più bello, il più equilibrato e maturo, e non mi sorprenderei che lo si debba alla sua nuova situazione sentimentale.

«Può darsi che per qualche ora abbiamo pensato di essere dei barricaderos, e di assumerne atteggiamenti e modi di lotta. Ma resto dell'opinione che il movimento dei ciclisti sia più intrinsecamente antagonista di altre organizzazioni che non sono rappresentative quanto noi lo possiamo essere».

Tutti ascoltiamo con grande attenzione le sue parole, espresse in un tono perentorio e dimesso allo stesso tempo. Non si sente volare una mosca, quando riprende.

«Ci possiamo scontrare con le istituzioni, e continueremo a farlo, nella misura in cui saranno sorde e cieche rispetto all'esigenza che noi portiamo avanti di superare un sistema di valori non più sostenibili. Quella che noi indichiamo è l'unica strada per un radicale rinnovamento e miglioramento della qualità dell'esistenza. Non atteggiamoci a paladini di un passato in negazione di un presente che non ci piace. Sfogliavo stamani una rivista, e sono rimasto impressionato dalla moltitudine di inserzioni pubblicitarie di prodigiose vetture che raggiungono velocità inaudite, e impraticabili, di duecentocinquanta chilometri orari e compagnia bella. Non c'è un limite di velocità molto più basso? E allora? Queste sono istigazioni a delinquere. Attentati alla sicurezza e alla vita delle persone. È roba vecchia. Per fortuna, su un'altra pagina, ho letto l'articolo di un giornalista, mai sentito prima, che scriveva di riconoscere più elementi del futuro in una bici che si muove allegra e sbarazzina per un viale senza inquinare, senza rumoreggiare, senza aggredire e prevaricare che in qualsiasi meraviglia tecnologica promessa dalla pubblicità di una nuova automobile. Capite? Lentamente, faticosamente, le nostre idee prendono campo. La città del futuro è la città delle biciclette. E siamo un movimento pacifista. Quando la mattina scegliamo di muoverci in bici, non è solo un'operazione ideologica, ma anche un'azione preventivamente pacifista. Può capitare anche a me di sbagliare una curva o, per assurdo, di fare il pieno di alcol. Ma alla fine, se vado addosso a qualcuno, quanto male gli potrò fare con una bicicletta che pesa dieci chili e va a dieci all'ora? Invece lo leggiamo tutti i giorni quali armi improprie possono diventare una moto o un'automobile. Sapete una cosa? Pronostico un grande futuro per i fabbricanti di mollette».

Passano alcuni istanti di silenzio. È chiaro che il primo che chiede delucidazioni si sentirà come lo scemo del villaggio. E allora apro bocca io, le donne hanno altri parametri.

«Le mollette, Asfalto?!?».

«Esatto. Quelle che si stringono al pantalone, per non sporcarsi col grasso della catena... Mi sono sempre guardato bene dall'usarle, perché resto anch'io il prodotto di una società con altri status symbol, più tecnologici e scoppiettanti. Bene, la rivoluzione va avanti, una molletta da pantaloni sarà da domani il pennone della mia bandiera».

Così parlò, l'Asfalto innamorato.

Finalmente vedo, da un angolo della piazza, venire avanti Larissa. Le vado incontro, eccitata. Quando siamo vicine, senza una parola, mi abbraccia stretta. Sento che c'è qualcosa di cui vuole parlarmi. Un raggio di sole al tramonto sbuca da dietro la nostra nuvoletta e gli altri nuvoloni, e si ferma sui suoi occhi chiari e trasparenti, facendomi intravedere un residuo di lacrime. Mi si stringe ancora più forte, e comincia il suo racconto, senza che io debba sollecitarla, ma impedendomi di staccarmi dal suo abbraccio.

«Lo sai già?».

Faccio cenno di no.

«Quando ci siamo salutate, stanotte – ebbene sì, eravamo io e lei, la notte prima, ma l'avevate capito – sono tornata alla macchina, per il volantino, ti ricordi? Volevo soltanto alzare il tergicristallo e infilare la rivendicazione, come eravamo d'accordo. L'ho fatto, e poi mi sono abbassata per verificare se quell'aggeggio che avevi infilato nella valvola funzionava davvero. Ma la gomma non era a terra, per niente! Ho avvicinato la mano alla valvola, se sentivo l'aria che usciva, ma non usciva un bel niente… Poi ho sentito dei passi, dalla parte opposta del marciapiede, e mi sono accucciata dietro la macchina. Era una ragazza, che usciva da un portone, abbastanza di fretta, insomma come una che andasse a lavorare presto, non una che aveva fatto tardi a casa del fidanzato. Ho seguito il rumore dei suoi tacchetti che si allontanavano, e poi più nulla. Ho sbirciato attraverso il finestrino, si era fermata davanti a un'altra macchina, e stava frugando nella borsa, ho pensato che stesse cercando le chiavi. Ha alzato un attimo la testa, ha guardato nella mia direzione, ma non credo che mi abbia visto. Non credo proprio. Avrebbe avuto una reazione, un sussulto, altrimenti, no?!? Poi l'ho sentita tornare indietro, aprire il portone di casa, s'è accesa la luce delle scale. Ho aspettato ancora. Potevo approfittarne per battermela, ma non l'ho fatto. Mi sono detta – fatti coraggio, smettila di tremare – mi sono forzata a non muovermi di lì. Ho guardato il palazzo, una luce s'è accesa al terzo piano, e poi rispenta. Poi la luce delle scale. Mi sono tranquillizzata, avevo dubitato che fosse tornata su per telefonare alla polizia, e raccontare che c'era qualcosa di strano, ma se riscendeva subito… Doveva essere per le chiavi. Infatti una volta giù, s'è infilata in macchina e via. Io sono rimasta lì. Appoggiata al jeeppone. Mi sono un po' persa dietro al pensiero di quella ragazza, ho cercato d'immaginare che lavoro facesse... Uscire di casa, a quell'ora. Avevo una volta un'amica che faceva la hostess, ci stavo di casa assieme, e veramente si alzava a ore impossibili... E allora me la sono immaginata sulla superstrada, verso l'aeroporto, nel suo bel completino blu. E io invece a sedere su un marciapiede, a che fare? A controllare la pressione di una gomma, non so quanto per gioco o per dovere. Mi capisci, no? Ma non la invidiavo, non era questo. Solo fantasticavo, dietro a una ipotesi bislacca ma intrigante. Mi sono chiesta dove avrebbe dormito stanotte. Forse in un altro continente. La mia amica andava spesso a Dubai, mi raccontava che lì ci sono arabi ricchissimi che aspettano le hostess delle compagnie occidentali e gli fanno proposte indecenti, un rubino grosso come un'arancia per una notte d'amore... E diceva lei che non sono solo vecchi porci e schifosi, anche giovani fighi... Comunque poi mi sono ripresa dalle mie fantasticherie a occhi aperti, ho concluso che io non ci starei mai a quel gioco, e quindi niente svolta spettacolare, a fare la hostess finirei a servire caffè e sorrisi su qualche linea low cost del cavolo, e allora mi sono detta: va bene così, Larissa, torna in te e torna a casa, che fra poco passa il camion della spazzatura e ti raccoglie lui, altro che business class. Mi sono alzata, ho spinto col piede sulla gomma se intanto s'era sgonfiato qualcosa, ma neanche per idea, maledizione: non aveva funzionato. Ho pensato di togliere il volantino – per non passare da imbranate – e filarmela, ma mi seccava debuttare con un insuccesso, allora ho detto diamoci un'altra chance, e sai che cosa ho fatto? Una stupidata. Ma mi capita. Ogni tanto, ma mi capita di farne. Forse il pistolino non era infilato abbastanza, e allora con la punta di una penna ho spinto sulla valvola, l'ho proprio spinto giù in fondo quel cazzettino e non ci crederai, la gomma s'è cominciata a sgonfiare di colpo, con un soffio che quasi diventava un fischio, è bastato tenere premuto e ha fatto flop, di botto, hai presente un pallone di gomma che plana su una spina di rosa?».

«... che fa pfff...?».

«Esatto! S'è proprio ammosciata di brutto, non ci volevo credere che fosse così facile, te pensa, la macchina s'è inclinata dalla mia parte, ti rendi conto, quel bestione? Ed è partito un allarme. Ma mica l'ho realizzato subito che ero io. Che era il jeeppone. Come cavolo funziona quell'accidente? Possibile che parta l'allarme se la macchina cambia pendenza? Solo a inclinarsi?!? Sono rimasta lì, inebetita. Cretina, proprio. Ho provato a ritirare fuori l'affarino dalla valvola, come se questo servisse a far cessare l'allarme, dimmi se si può essere più idioti! A un tratto mi sono sentita tirare su per i capelli, e un colpo, una ginocchiata terribile in mezzo alla schiena!».

«Oddio, no!».

«M'hanno afferrato per un braccio, erano in due, e me l'hanno girato dietro la schiena, quasi a spezzarmelo. Ho strillato di dolore, e ho rimediato un ceffone, e m'hanno spinto dentro. M'hanno dato di puttana, di puttana e di ladra. Uno era proprio inferocito, l'altro mi teneva ferma, ma quello abbrutito mi colpiva, mi offendeva e mi colpiva. Io dico che era drogato, questo qui. L'altro cercava di calmarlo, gli diceva dai chiamiamo la polizia, che ci pensino loro. Poi ho preso un pugno nello stomaco, e gli ho rifatto tutto addosso, la pizza e il tiramisu e il caffè e il limoncello, ho sentito tutti i sapori risalirmi l'esofago e scapparmi dalla bocca».

«È terribile, Larissa. Porca puttana, accidenti a me, che t'ho lasciata sola!».

«Meno male che non gli ho vomitato sul seggiolino, quello m'ammazzava di sicuro... Invece gli ho vomitato sui calzoni!».

«Ben fatto, gli sta bene a quel figlio di puttana. Ma non se la cava così, sai? Quello lo ritroviamo, gliela facciamo pagare. Quello deve sputare sangue, non sono più io se non lo vedo agonizzare ai miei piedi. Cristo, che rabbia!».

Devo averla divertita, con la mia furia, la cara Larissa, perché per la prima volta adesso abbozzava un sorriso, anche troppo pacato, secondo me. Io – pensavo – non ci riuscirei a restare tranquilla, anche dopo molte ore dal fatto. Agognerei vendetta, bramerei la pena di morte, inflitta dalle mie mani. No, sono pacifista. Comminata dalle mie mani no, ma comandata a distanza da un mio gesto sì, lasciando che un esecutore esegua fisicamente la sentenza.

«Vuoi sederti a un bar? Stai comoda. Ti faranno ancora male le botte, m'immagino, eh?!?».

«No. Camminiamo, invece. Sento che mi fa bene alle ossa, specie qui dietro, alla spina dorsale. È soprattutto lì che ho sentito dolore...».

«La ginocchiata?».

«M'hanno scambiata per una ladra, poi quello più calmo ha visto il volantino e hanno capito tutto. Cioè, neanche ci volevano credere che ero lì per sgonfiargli la ruota, pensava di avere forato l'energumeno, aveva tirato un paio di bestemmie quando se n'era accorto. Poi ha ricominciato col troia e compagnia bella, qualche altro ceffone, e l'altro gli diceva di calmarsi. Almeno lui spero che se la cavi».

«Se la cava un cazzo. Lo mandiamo in tribunale. Oh, sono percosse! Avrai le tue colpe, per il giudice, ma non tali da giustificare quello che t'hanno fatto. Te la senti di fargli causa?».

«Lascia stare».

«Lasciare stare? Ma che dici? O c'è dell'altro? Qualcosa che non m'hai raccontato? Non ci capisco più niente».

«Il mio amico sapeva tutto. No, non Fanale. Quello che ti dicevo ieri sera... Il nuovo. Lo so, non avrei dovuto dirlo a nessuno, ma lui è uno fidato, non ti posso dire chi è... Nessuno sa che stiamo insieme...».

«Non devi dirmelo, chi è. Se non vuoi. Cos'è successo allora?».

«Questa puttana è una madre di bicicletta, ha detto lo stronzo, una di quella banda che ha portato le biciclette in piazza. Adesso ti porto in casa, e ti lego per bene. Noi facciamo un lavoretto, e poi torniamo. E facciamo i conti anche con te. Io ero frastornata, mi sono lasciata portare su, m'ha stretto un fazzoletto alla bocca, e m'ha legato alla spalliera del letto. Il nodo l'ha fatto l'altro, forse non voleva stringere troppo, non lo so. Ho sentito che hanno fatto diverse telefonate, poi sono usciti. Io ho provato a slegarmi, meno male che faccio yoga, m'ha aiutato ad allentare il nodo, a forza di girare i polsi, ma ce n'ho messo di tempo, non so neanch'io quanto. Temevo che tornassero all'improvviso. Appena libera sono corsa fuori, ho battuto ogni record, credimi. In quei momenti non mi faceva male più niente».

«Meno male che ce l'hai fatta. Sei stata grande, Larissa».

«Ora sai tutto quello che ti potevo dire. Non chiedermi di più. E offrimi un gelato, che ho la gola secca e le labbra gonfie. Effetto delle labbrate, lo dice la parola. Vieni!».

Non sapevo tutto, naturalmente. Ma abbastanza per capire. Non vedendola tornare, immaginavo che il suo amante misterioso ma non troppo si fosse messo a cercarla. E, com'è naturale, che fosse passato dalla piazza, il nostro quartier generale in quei giorni. Dove forse contava d'incontrarla. Il resto potevo immaginarmelo...

«Posso farti una sola domanda, Larissa?».

«Puoi domandarmi a che gusti voglio il gelato. Menta e zuppa inglese, grazie. La menta sotto».

Non ho insistito. Cioè, ho aspettato che finisse il gelato. Ce lo siamo leccate appoggiate alla spalletta del fiume. Era un tramonto rosso fuoco, i raggi sembravano incendiare le acque increspate lì sotto. I suoi occhi erano ancora lucidi, ma quasi di commozione, più che di dolore, mi sembrava. E c'era ancora quel sorriso, che spuntava agli angoli della bocca.

«Il tuo nuovo amico t'avrà cercata, non vedendoti arrivare. Dico bene?».

«Come un matto... Poverino. Non sa con chi s'è messo!».

«Questo tuo fantomatico cavaliere ha la moto?».

«Ce l'ha, ce l'ha».

«Non dirmi come si chiama».

«Ma figurati...».

«Ma comincia per A, vero? A, puntini puntini...».

«Come no! Anch'io lo chiamo sempre così: A, puntini, puntini...».

Ho pensato che io un sorriso così ce l'avevo solo quando ero innamorata, quando mi godevo la gioia di un dono d'amore, di una dimostrazione di amore folle e invincibile. La invidiavo, ma ero commossa per lei, e un po' disperata per me.

Happy end familiare

La storia è finita. Il racconto delle imprese delle Madri di Biciclette, o delle tecniche di corteggiamento del determinato presidente di Nouvelle Velo, è tutto nelle pagine che precedono, e a cui vi rimando. Se invece strada facendo vi siete un po' affezionati a chi ha steso per voi questa cronaca (sorrido della metafora: è stato stendendo i panni che mi sono convinta all'impresa), allora potete proseguire per questa residua mezza paginetta. C'è molto della mia vita, fra le righe.

Alcune ore dopo il mio incontro con Larissa, a tavola. Io e Giancarlo, mio marito, parliamo delle vicende della notte, e sono più di una volta sul punto di raccontargli tutto, di me e di Larissa e di tutto il resto così come l'ho capito, ma alla fine mi trattengo. Ci sono anche i bambini, e non mi sembra quello il momento opportuno, anche se sento forte il bisogno di sfogarmi. A un certo punto non mi ricordo più se io o lui facciamo cenno alla nuvoletta del cavolo, e per ridere gli racconto tutte le varie interpretazioni date dai miei amici al fenomeno. Si diverte che gli vengono le lacrime agli occhi. Penso che dei nostri discorsi, fatti un po' a mezze parole, i miei figli non abbiano colto gran che. Ma a un certo punto Tobia, il più grande, di otto anni, sgranando i suoi occhioni castani, mi guarda con sorpresa, «Ma come? Non lo sapete che cos'è quella nuvoletta?».

«Perché, invece tu lo sai??».
«È la nuvoletta di Magin Bu».
«Magin Buu?!?».

«Certo».

«Spiegami un po' anche a me, allora!».

«Quando è diventato amico di Satan si è affezionato a un cagnolino, ma due ragazzacci gliel'hanno ammazzato. Allora s'è arrabbiato, e dal suo corpo è uscita la nuvoletta malvagia che tante volte ha terrorizzato i terrestri. Così il Bu buono e quello cattivo si sono affrontati, quello cattivo ha vinto, la nuvoletta che gli esce dai pori ha trasformato quell'altro in cioccolatino e ha inghiottito pure lui. Però poi è arrivato Goku, che ha sterminato il cattivo e liberato la parte buona».

«L'ex cioccolatino?!?».

«Che poi è stato di nuovo distrutto, sai da chi?».

«No, dimmelo tu».

«Da Baby Vegèta».

«Stavo per dirlo!».

«Per fortuna di noi terrestri la sua energia è stata assorbita da Oob, reincanazione della parte malvagia di Bu, nel frattempo purificata da re Yammer. E alla fine la parte buona e quella cattiva di Bu si sono ricomposte, per la gioia di Goku, il Super-Sayan del terzo livello!».

«Convincente!» ha commentato Giancarlo. Non spreca mai una parola.

«Ma, Tobia – mi sono complimentata – questa è l'interpretazione più simpatica che abbia sentito, davvero! E, dimmi. Poi questa gente che hai nominato, Buu, Vegèta, Re Yammer o come si chiama, insomma tutti questi almeno loro vissero felici e contenti fino alla fine?».

Tobia, che ha preso dal padre, m'ha guardato con sufficienza. «Mamma! Davvero non ci capisci niente…! Non c'è mai una fine. Solo trasformazioni! Assorbimenti e trasformazioni».

Non ci crederete, ma sono andata a letto più contenta. Non prima di aver annotato sul diario una considerazione di non so più chi: «Oggi ho visto la vita dalle due parti, da quella del perdere e da quella dell'avere. Davvero non ci capisco niente. Ma ci si guadagna qualcosa, nel vivere alla giornata».

Finito
di stampare
nel mese di marzo 2009
da Universal Book - Rende (Cs)